Cómo invierte Warren Buffett

PROFIT
editorial

Profit Editorial, sello editorial de referencia en libros de empresa y management. Con más de 400 títulos en catálogo, ofrece respuestas y soluciones en las temáticas:

- Management, liderazgo y emprendeduría.
- Contabilidad, control y finanzas.
- Bolsa y mercados.
- Recursos humanos, formación y coaching.
- Marketing y ventas.
- Comunicación, relaciones públicas y habilidades directivas.
- Producción y operaciones.

E-books:
Todos los títulos disponibles en formato digital están en todas las plataformas del mundo de distribución de e-books.

Manténgase informado:
Únase al grupo de personas interesadas en recibir, de forma totalmente gratuita, información periódica, newsletters de nuestras publicaciones y novedades a través del QR:

Dónde seguirnos:

  @profiteditorial

  | Profit Editorial

Ejemplares de evaluación:
Nuestros títulos están disponibles para su evaluación por parte de docentes. Aceptamos solicitudes de evaluación de cualquier docente, siempre que esté registrado en nuestra base de datos como tal y con actividad docente regular. Usted puede registrarse como docente a través del QR:

Nuestro servicio de atención al cliente:
Teléfono: **+34 934 109 793**

E-mail: **info@profiteditorial.com**

James Pardoe

Cómo invierte Warren Buffett

24 sencillas estrategias del mejor inversor en valor del mundo

Todas las publicaciones de Profit están disponibles para realizar ediciones personalizadas por parte de empresas e instituciones en condiciones especiales.

Para más información, por favor, contactar con: info@profiteditorial.com

Título original: *How Buffett Does It*

© 2005 por McGraw-Hill Companies, Inc. Todos los derechos reservados.
© Profit Editorial I., S. L., 2023

Diseño de cubierta: XicArt
Maquetación: Montserrat Minguell

ISBN: 978-84-19841-19-3
Depósito legal: B 4-2024
Primera edición: Febrero de 2024

Impresión: Gráficas Rey
Impreso en España / *Printed in Spain*

ÍNDICE

A la manera de Warren Buffett

Para la mayoría de nosotros, el mercado de valores es un misterio. Dada la abundancia de opciones —más de siete mil valores solo en Estados Unidos—, ¿cómo se gana dinero invirtiendo en bolsa? ¿Qué acciones comprar? ¿A quién hay que escuchar? ¿Qué estrategia seguir?

Muchos aún se están recuperando del crac bursátil de internet y siguen recelosos ante la idea de poner en el mercado el dinero que tanto les ha costado ganar. No pocos lo han aprendido por las malas. Puede haber sido por el consejo de un amigo, las recomendaciones de un corredor de bolsa o la quiebra de un valor tecnológico. Una de las lecciones que muchos no olvidaremos es que, con demasiada frecuencia, una forma de hacerse rico rápidamente también es una forma de empobrecerse rápidamente.

Si eres un inversor que ha salido escaldado, ya sea por los corredores, la caída del Nasdaq, los fondos de inversión, el *trading*, las acciones de escaso valor (las conocidas como *penny stocks*), las empresas de alta tecnología y gran crecimiento o cualquier otra mala decisión, deberías conocer la filosofía y el enfoque de inversión de Warren Buffett.

Saber cómo lo ha conseguido Buffett revela un método eficaz para enriquecerse poco a poco invirtiendo en bolsa. Buffett ha logrado resultados notables mediante sólidas prácticas de inversión. Y tú también puedes convertirte en un buen inversor y ganar dinero en bolsa a largo plazo, pero solo si sigues sus conceptos fundamentales y adoptas su enfoque, así como sus dosis de paciencia y determinación.

Warren Buffett no heredó ni un céntimo de sus padres. Hoy, gracias tan solo a sus propias inversiones, su fortuna personal supera los cuarenta mil millones de dólares. Pero desde Harvard en la costa este hasta Stanford en la oeste, Buffett rara vez centra el debate en las aulas de las mejores escuelas de negocios. En otras palabras, el mundo académico hace caso omiso del mejor inversor de todos los tiempos.

Espero que tú no lo hagas también: considera seguir sus prácticas de inversión, especialmente si las experiencias de inversión que has tenido en el pasado han sido desagradables.

En baloncesto, dominar los pilares fundamentales es crucial para ser un buen jugador. Pues bien, dominar de los fundamentos de inversión de Buffett es esencial para ser un buen inversor en valor. Esto implica lo siguiente:

1. Preferir la simplicidad antes que la complejidad.

2. Armarse de paciencia.

3. Mostrar la actitud adecuada.

4. Pensar con autonomía.

5. Ignorar todo aquello que distrae.

6. Adoptar una estrategia de no diversificación, pese a que sea contraintuitiva.

7. Tender a la inactividad en lugar de a la hiperactividad.

8. Comprar acciones y aferrarse a ellas.

9. Centrarse en los resultados y el valor de la empresa, no en el precio de las acciones.

10. Aprovechar una oportunidad cuando se presenta en medio de la vorágine bursátil.

Estos fundamentos, entre otros, harán de ti un mejor inversor. Los buenos principios de inversión conducen a buenos resultados.

Buffett afirma que hay que encontrar una gran empresa con una gran gestión, comprar acciones a un precio razonable y conservarlas.

1

Elige lo sencillo a lo complejo

Cuando inviertas, hazlo de forma sencilla. Ve a lo fácil y obvio, aconseja Buffett.
No intentes dar respuestas complicadas
a preguntas complicadas.

Mucha gente cree que invertir en bolsa es complicado, misterioso y arriesgado, y, por lo tanto,
es mejor dejarles la tarea a los profesionales.
Esta mentalidad, tan habitual, sostiene que una persona de
a pie no puede ser un buen inversor porque el éxito en el
mercado de valores requiere una formación superior en
Administración de Empresas y Finanzas, dominar complicadas fórmulas matemáticas, acceder a sofisticados programas informáticos y una gran cantidad de tiempo para estar
constantemente atento a los precios, los gráficos, el volumen, las tendencias económicas, etc.

Warren Buffett ha demostrado que esto es un mito.

Ha descubierto una sencilla forma de invertir en bolsa.
Cualquier persona con un mínimo de inteligencia es más
que capaz de convertirse en un inversor en valor de éxito

sin la ayuda de un profesional, porque los fundamentos de las inversiones que implican menos riesgo son fáciles de entender.

Buffett solo invierte en empresas que comprende, sólidas y duraderas, y cuyo éxito responde a una explicación sencilla. Nunca invierte en nada complicado o que no entienda.

> Recuerda que el grado de dificultad no cuenta a la hora de invertir. Busca empresas duraderas con modelos de negocio predecibles.

La esencia y la belleza de la filosofía de inversión de Buffett es su sencillez. No requiere complicadas operaciones matemáticas ni conocimientos financieros o de predicción de las tendencias de la economía o la bolsa. Se basa en principios de sentido común y en paciencia, valores que cualquier inversor con inquietudes puede entender y poner en práctica. De hecho, Buffett cree que los inversores no juegan con ventaja cuando confían en fórmulas matemáticas, previsiones o movimientos del mercado a corto plazo o gráficos basados en el precio y el volumen.

Según Buffett, la complejidad puede jugar en tu contra. No te vuelvas loco intentando descifrar las últimas teorías sobre inversión, acerca de la fijación de precios o del coeficiente beta. En la mayoría de los casos, es mejor que ni siquiera conozcas cómo funciona todo esto. Una lección importante que Buffett aprendió de su mentor, Ben Graham, fue que no hay que hacer «cosas extraordinarias para obtener resultados extraordinarios».

Apela a la sencillez. Este es tu objetivo: compra acciones de una gran empresa dirigida por gente honesta y capaz. Paga menos por las participaciones en esa empresa de lo que valen realmente en términos de su potencial de ganancias futuras. A continuación, consérvalas y espera a que el mercado confirme tu predicción.

Este es el principio básico de la filosofía de inversión de Buffett que explica todos sus increíbles logros. Así es cómo invirtió 10,6 millones de dólares en acciones del *Washington Post* en un *holding* que actualmente vale más de mil millones de dólares como la manera en que invirtió mil millones de dólares en unas acciones de Coca-Cola que hoy valen más de ocho mil millones, así como la forma en que las acciones de GEICO Insurance que adquirió por cuarenta y cinco millones de dólares acabaron creciendo hasta superar los mil millones de dólares.

> Si no entiendes cómo funciona un negocio, no compres sus acciones.

Buffett ha convertido Berkshire Hathaway en una empresa de más de cien mil millones de dólares siguiendo este sencillo principio rector. Cuando invierte en bolsa, lo hace en empresas sólidas y fáciles de entender, con perspectivas esperanzadoras y duraderas y una gestión capaz y ética. Compra muchas acciones cuando la bolsa las pone a la venta a menor precio. En pocas palabras, esta es la esencia de su éxito.

Olvídate de los sofisticados programas informáticos de selección de valores que se basan en el historial de precios, la volatilidad o la dirección del mercado. Descarta también las ecuaciones llenas de logaritmos y letras griegas. Buffett hace uso del ordenador, pero principalmente para jugar al bridge y no para seguir los movimientos de los precios de las acciones. Tu objetivo de inversión debe ser el mismo que el de Buffett: buscar acciones a precios razonables en empresas cuyo negocio sea comprensible y con muchas probabilidades de aumentar los beneficios en los próximos años. Ya está.

He aquí tres principios en los que deben basarse todas tus decisiones de inversión:

Persigue siempre la sencillez. No hagas inversiones difíciles. Cíñete a lo que conoces y compra acciones en empresas sólidas y con una gestión fuerte y ética. Hay que evitar tomar decisiones de inversión complejas.

Toma tus propias decisiones de inversión. Sé tu propio asesor. Ten cuidado con los agentes de bolsa y otros vendedores que promocionan a bombo y platillo una acción concreta o un fondo de inversión solo para ganar comisiones. Obviamente, estas personas no tienen en cuenta tus intereses.

Estudia al hombre con quien estudió Buffett. Además de su padre, Howard, el hombre que más influyó en él fue Benjamin Graham, el creador de la inversión en valor, quien hace décadas le enseñó a Buffett que el éxito en las inversiones no tiene por qué surgir de la complejidad. Te recomiendo encarecidamente que leas sobre él.

No olvides que las sencillas estrategias de Buffett le han llevado a obtener extraordinarios resultados.

2

Toma tus propias decisiones de inversión

No escuches a los intermediarios de bolsa, a los analistas ni a otros expertos. Indaga por ti mismo.

W arren Buffett cree que cualquier persona normal y corriente es capaz de invertir con éxito sin depender de profesionales de la inversión. Va incluso un paso más allá. En general, afirma que estos supuestos expertos no aportan nada verdaderamente útil. Sea lo que sea aquello que afirman hacer con las inversiones, tú puedes hacerlo mejor por ti mismo.

Por razones obvias, los inversores profesionales quieren que pienses lo contrario. Fomentan la creencia de que la inversión bursátil es demasiado complicada para los legos en el mercado porque precisamente eso los beneficia en su negocio. ¿Cuánto durarían si el inversor medio decidiera que esa gente realmente no ayuda en nada?

Quizá te cueste creer que todos esos expertos que ves en la tele y oyes en la radio no aportan realmente valor añadido. Si es así, deberías plantearte cómo obtienen sus ingresos y qué incentivos financieros rigen en su trabajo. Los profesionales financieros suelen ser vendedores de productos de inversión de los que obtienen beneficios económicos. Los ingresos de un corredor de bolsa suelen basarse en las comisiones que reciben mediante la compra y venta de acciones.

Lógicamente, los *brokers* no suelen obtener ingresos cuando sus clientes mantienen acciones a largo plazo, que es un principio central de la filosofía de Buffett. La compraventa es su principal preocupación. Estos cobran en función del número de operaciones que realiza un inversor, independientemente del resultado de las inversiones.

> Si te planteas contar con un asesor de inversiones u otro experto financiero, pregúntate: «¿Qué ganan ellos con esto?». Si la respuesta no te satisface, olvida la idea.

Si adoptas las sencillas ideas de Buffett, podrás prescindir de los servicios profesionales de agentes de bolsa, expertos de Wall Street, programas informáticos de selección de valores y otras herramientas y expertos en pronosticar del mercado. Debes tomar tus propias decisiones de inversión. Buffett reconoce que los profesionales de la mayoría de las áreas aportan un valor añadido que va más allá de lo que cualquier profano puede conseguir. En cambio, reconoce que de manera general no es así en el campo de la gestión del dinero.

¿Por qué? Bueno, la mayoría de los profesionales ignoran la filosofía básica de Buffett y en su lugar utilizan complejas prácticas de inversión de dudosa eficacia. Esto también en cierta medida es comprensible. Muchos de ellos han recibido durante años una cara formación que les ha enseñado el manejo de todo tipo de herramientas y técnicas complejas. Es como si se le da un martillo a un niño: todo empezará a parecerle un clavo.

Para ser justos, la mayoría de los profesionales financieros creen con firmeza en sus fórmulas y prácticas, con las que han trabajado a fondo hasta dominarlas. Por desgracia, muchos de ellos siguen ignorando la práctica de la inversión en valor, la técnica iniciada hace medio siglo por Benjamin Graham y Dave Dodd en su libro *Security Analysis* y respaldada durante casi cuatro décadas por Warren Buffett. Esta consiste principalmente en tomar en cuenta las discrepancias de precio y valor en el mercado bursátil: como se suele decir, buscar los billetes de dólar a cuarenta centavos.

Conviértete en un inversor en valor. Esta ha demostrado ser una técnica muy satisfactoria a largo plazo.

Al igual que Buffett, tú también puedes ganar mediante la inversión en valor. Los profesionales financieros a los que ignorarás no ganarán dinero, al menos por las inversiones que tú hagas. Tal vez por eso, a pesar de los éxitos tan visibles de Buffett, no ha habido una aparente estampida hacia esta forma de ganar dinero. Hay demasiados intereses que empujan en la dirección contraria.

Mi argumento, que se basa en el modelo de Buffett, es que conviene adoptar este modelo de inversión. Deberías confiar en que los «mandamientos» de Buffett son todo lo que necesitas. Proporcionan un marco que te permitirá tomar las riendas de tu futuro financiero. Para empezar, intenta seguir estos principios básicos del método de Buffett:

Adquiere conocimientos básicos sobre contabilidad y mercados financieros. Para tomar tus propias decisiones de inversión, tendrás que aprender los fundamentos de la contabilidad y los negocios en el mercado de valores. Empieza a leer periódicos y revistas del sector y, por supuesto, todo lo que puedas sobre Benjamin Graham, Warren Buffett y Charlie Munger.

Toma lo que dicen los asesores financieros, los agentes de bolsa y otros visionarios con una buena dosis de escepticismo. Una vez adquiridos los fundamentos de la inversión, asegúrate de no dejarte embaucar por los supuestos expertos financieros. Recuerda que la mayoría de ellos tienen intereses que no pasan necesariamente por lograr tu éxito.

Recuerda que nadie tiene mejor historial de inversión que Buffett. Cuando se intenta dar sentido al mercado de valores, es una buena idea escuchar a «la persona que más gana».

Comprender las ideas y prácticas de Buffett te proporcionará una guía que podrás seguir por ti mismo, sin necesidad de los servicios de nadie más.

3

Mantén la calma

Deja que los demás reaccionen con exageración al mercado, aconseja Buffett. Mantén la cabeza fría cuando los demás no lo hagan y saldrás beneficiado.

Aunque es sencilla y fácil de entender, la filosofía de inversión de Warren Buffett no es necesariamente fácil de poner en práctica. Una vez que conozcas su enfoque, lo siguiente más importante que debes afrontar es adoptar la actitud adecuada del buen inversor. Y esto significa mantener la cabeza fría en todo momento.

Implica conservar la actitud adecuada cuando tengas que enfrentarte a las inevitables malas noticias y contratiempos que afecten a tus participaciones bursátiles. La firmeza y el aplomo son necesarios cuando las cosas se tuercen. Pero esto también significa mantener la cabeza fría cuando ocurre lo contrario, cuando la bolsa está por las nubes y la gente a tu alrededor se muestra codiciosa y eufórica.

Tu carácter entrará en juego cuando las cosas no vayan como quieres. ¿Qué harás cuando te enfrentes a una caída precipitada de tus acciones? ¿Entrarás en pánico y las venderás? ¿Qué harás ante un acontecimiento político o macroeconómico importante, como una guerra, una recesión o una gran caída del Dow Jones?

¿Qué harás si la empresa en la que has invertido tiene un inevitable mal trimestre o un mal año? ¿Te obsesionarás con el precio diario de la acción o, por el contrario, te centrarás en los resultados empresariales a largo plazo? ¿Cuál será tu reacción cuando un experto de Wall Street pronostique lo peor para las acciones en las que has invertido o para el mercado bursátil en general?

¿Qué harás cuando la comunidad inversora se encuentre en medio de un mercado bajista o alcista, impregnado de apatía o entusiasmo especulativo, y atenazado por el miedo o la codicia, como ocurrió durante la burbuja de internet? Ben Graham, profesor de Buffett en Columbia, dijo una vez: «El principal problema del inversor, es decir, su peor enemigo, probablemente sea él mismo». ¿Acabarás siendo tu peor enemigo?

Tu reacción y respuesta a todos estos acontecimientos desempeñarán un papel fundamental en el éxito de las inversiones que hagas. El inversor inteligente mantiene la calma ante un panorama desalentador. ¿Te desharás de las acciones cuando baje el precio o, por el contrario, buscarás una oportunidad potencial y adquirirás más acciones cuando se pongan a la venta?

Buffett tiene un criterio claro que deberías aplicarte a ti mismo. Si eres de los que se vienen abajo cuando una de tus participaciones pierde la mitad de su valor de la noche a la mañana, no deberías invertir en bolsa. Hay que tener la habilidad de invertir en buenas empresas y la confianza para mantener las participaciones cuando otros no lo hacen. Casi nunca tiene sentido vender, dice Buffett, cuando se respira miedo en el aire.

> No poseas acciones cuyas fluctuaciones te hagan entrar en pánico ni te deshagas de valores cuyo precio caiga un 50 %.

Berkshire Hathaway vivió su peor año en 1999, mientras el Nasdaq alcanzaba nuevos máximos durante el frenesí de internet de finales de la década de 1990. El *anticuado* estilo de Buffett de invertir armado de paciencia en empresas de escasa o nula tecnología se consideraba obsoleto. Su negativa a comprar valores en empresas de alta tecnología lo convertían en alguien irrelevante, o eso decían los expertos. La inversión en valor era un dinosaurio; lo que estaba de moda era el *day trading*.

En consecuencia, en marzo de 2000, el precio de las acciones de Berkshire Hathaway cayó un 50 %, de un máximo anterior de ochenta y cuatro mil dólares hasta los cuarenta mil dólares por acción. Aunque el negocio subyacente seguía siendo sólido y su futuro, seguro, los accionistas de Berkshire Hathaway se deshicieron de muchas de sus acciones. Actuaron movidos por la inquietud del momento, mientras una tormenta azotaba a la empresa, y saltaron del barco en lugar de resistir en él con más fuerza.

¿Qué conlleva el enfoque Buffett ante esta situación? Conlleva ver una caída del 50 % en el precio de las acciones como una oportunidad de compra. Significa no perder de vista los fundamentos de las empresas en las que se invierte y no centrarse tanto en los vaivenes de un mercado voluble. Si los inversores hubieran seguido este consejo y hubieran comprado en Berkshire cuando el precio de sus acciones cayó un 50 %, se habrían visto recompensados con creces cuando el precio de las acciones repuntó en 2004, año en que se dispararon hasta los noventa y siete mil dólares por acción.

Sí, es demasiado fácil perder la calma en medio de un mercado bursátil tan cambiante. Es aún más difícil hacerlo cuando los precios caen en picado y los expertos y las portadas de las revistas anuncian pesimismo. De hecho, lo más lógico en este último caso es dejarse llevar por el pánico. Pues bien, he aquí un consejo: no lo hagas. Si tienes acciones de una gran empresa, consérvalas. Si alguien quiere venderte más a un precio bajo, cómpralas.

Cuando Buffett tenía 22 años, había acumulado unas trescientas cincuenta acciones de GEICO Insurance, que valían unos quince mil dólares; entonces decidió venderlas todas. Si las hubiera conservado, habrían valido unos 1,3 millones de dólares veinte años después. A través de esta experiencia y de otras, aprendió la consecuencia de vender una parte de una empresa que ya había identificado como un negocio maravilloso. Más tarde remedió el error comprando importantes posiciones en GEICO en 1976 y adquiriendo toda la empresa en 1996.

Aquí tienes otros tres consejos que te ayudarán tanto en los buenos como en los malos momentos:

Aférrate a los grandes negocios. No te dejes llevar por una mentalidad de estampida (ya sea comprando o vendiendo). Adquiere participaciones en grandes empresas y consérvalas durante años. No entres en una dinámica de rápidas compras y ventas de acciones. Los estudios demuestran que, cuanto más se invierte, más dinero se pierde, teniendo en cuenta además las comisiones adicionales que hay que pagar.

Ten en cuenta cómo eres. No compres acciones si no puedes soportar que pierdan la mitad de su valor. Esto conlleva tener la paciencia y la disciplina necesarias para aferrarse a empresas con una gestión y unos fundamentales sólidos.

Nunca tomes una decisión de inversión porque otros te lo hayan dicho. No prestes atención a los consejos sobre valores, a las supuestas cabezas pensantes ni a otros expertos que puedan tener intereses concretos en una determinada acción bursátil. Haz los deberes y piensa por ti mismo.

Para tener éxito en el mercado, dice Buffett, no se necesita contar con una inteligencia superior. Lo que sí se necesita es una actitud que te ayude a capear los temporales y a seguir con los planes que hayas hecho a largo plazo. Si eres capaz de mantener la calma mientras a tu alrededor cunde el pánico, podrás imponerte a los demás.

4

Ármate de paciencia

«Piensa con la vista puesta en un plazo de diez años, no de diez minutos», aconseja Buffett. Si no crees poder mantener una acción durante diez años, no la compres.

Cuando Warren Buffett tenía 11 años, hizo su primera compra de acciones: adquirió tres de Cities Service Preferred a treinta y ocho dólares la acción. Poco después, las vendió cuando el precio alcanzó los cuarenta dólares, lo que le reportó un beneficio neto de cinco dólares. Unos años más tarde, esas mismas acciones se vendían a doscientos dólares. Buffett aprendió pronto la necesidad de tener paciencia a la hora de invertir.

Buffett es un *trader* de décadas más que un *trader* diario, o *day trader*. Su filosofía se basa en la paciencia y en una perspectiva a largo plazo. Es un método probado de enriquecimiento lento.

A los *day traders* (o *swing traders*) les gusta deshacerse de las acciones al cabo de semanas o tan solo de días. En cambio, Buffett las conserva durante años o incluso décadas. Este gurú de la inversión ha descrito el mercado de valores como una especie de «centro de reubicación», un medio por el que el dinero pasa de gente impaciente a personas pacientes. ¿Qué estrategia tiene más sentido? Piénsalo: ¿cuántos *day traders* han convertido alguna vez diez millones de dólares en mil millones?

> Aprende a poner en práctica la paciencia de Buffett. Te ayudará a amasar mayores beneficios bursátiles a largo plazo.

Conviene recordar que algunos mercados son hostiles a quienes entran y salen de él de manera continua, mientras que son favorables a los que compran y mantienen las acciones. Según Buffett, en las décadas de 1970 y 1980 las valoraciones de las empresas eran bajas y los precios de las acciones no se movían con tanta rapidez. Los que compraban y vendían perdían mucho tiempo y dinero, y luego se perdieron la gran subida de los años noventa. La mayoría de la gente no habla de las oportunidades de mercado que han desaprovechado. Buffett tiene el mérito de hacerlo. Y la moraleja de sus historias es la de siempre: compra y *mantén*. La paciencia es necesaria para invertir en valor con éxito. La falta de ella le costó cara a Buffett cuando adquirió un número significativo de acciones de Disney a treinta y un centavos la acción en 1966 y luego vendió al año siguiente a cuarenta y ocho centavos la acción.

Charlie Munger, socio de Buffett desde hace muchos años, comparte la opinión de Buffett sobre la importancia de la paciencia, pero la expresa de forma más sucinta: «Invertir es encontrar unas cuantas grandes empresas y luego quedarse a esperar». Y añade: «Es un error en el ámbito de la inversión ser demasiado inquieto. La paciencia forma parte del juego».

He aquí un ejercicio mental que Buffett recomienda. Imagina que, cuando compras una acción, los mercados cierran al día siguiente para tomarse unas vacaciones de cinco años. Buffett dice que él no se arrepentiría de hacerlo porque casi nunca compra una acción con la intención de venderla a corto plazo. Buffett se propone ganar dinero con una empresa y no con las continuas fluctuaciones del mercado bursátil. El mercado es simplemente el intermediario en su propuesta de valor añadido. Piensa en otros ejemplos de dinámicas que puedan ayudarte a mantener una perspectiva basada en la paciencia.

Sé que no es fácil ser paciente, pero es un componente absolutamente necesario para la inversión en valor. Cuando inviertas, considérate un residente permanente y no alguien que está de paso. A un urbanista francés le advirtieron una vez de que no debía plantar árboles para dar sombra a lo largo de los amplios bulevares de París porque no alcanzarían el tamaño adecuado hasta pasados ochenta años. ¿Cuál fue su respuesta?: «¡Dios mío, entonces no esperemos más a plantarlos!». Buffett afirma lo mismo cuando observa que hoy podemos sentarnos a la sombra de un árbol porque alguien lo plantó hace muchos años.

La bellota tarda mucho en convertirse en roble. Hay al menos veinticinco familias en la ciudad de Omaha, Nebraska, que han conservado las acciones que tienen en

Berkshire durante más de treinta y cinco años, y sus participaciones valen ahora más de cien millones de dólares. Sus inversiones originales no superaban los cincuenta mil dólares.

Buffett nada a contracorriente tanto como inversor como al frente de una gran empresa. Cuando alude a los propietarios de Berkshire Hathaway, Buffett dice sin dudar que quiere a gente que se comprometa personalmente con la empresa. Así que no consideres las acciones que tienes como un simple trozo de papel cuyo valor fluctúa por momentos. En lugar de eso, aconseja, piensa en las participaciones que tienes como si fueran parte de una propiedad inmobiliaria que has comprado en común con otros miembros de tu familia. ¿Venderías la granja o el edificio de apartamentos familiar por un contratiempo relativamente menor? Por supuesto que no. Pues bien, dice Buffett, piensa en tus acciones de la misma manera.

Buffett posee un gran paquete de acciones de Berkshire Hathaway desde hace más de cuarenta años. Nunca ha vendido una sola acción. Ha vivido una serie de oscilaciones sobrecogedoras del mercado, desde el Lunes Negro en 1987 hasta la ruptura de la barrera psicológica de los once mil puntos por el Dow Jones, y nunca ha perdido la cabeza. No se trata de un simple «Compra cuando otros vendan y vende cuando otros compren». Se trata más bien de mantener la cabeza fría. No te dejes arrastrar por «las emociones irracionales de los demás», como dijo Alan Greenspan. No hay que sacar los pies del tiesto ni correr despavorido sin más. Si tienes una visión a largo plazo, mantenla, pues nada es el fin del mundo.

Como Ben Graham observó en *El inversor inteligente*, el libro de inversión favorito de Buffett: «Hemos visto ganar y conservar mucho más dinero a "gente corriente" que tenía la actitud adecuada para las inversiones que a quienes carecían de esta cualidad, aunque contaran con amplios conocimientos de finanzas, contabilidad y sabiduría bursátil».

En otras palabras, se trata de comprender el panorama general más que de empaparse de los detalles técnicos. Una de las razones por las que Buffett pudo hacer que una inversión de diez millones de dólares en el *Washington Post* se convirtiera en una participación de mil millones es que se aferró a esas acciones con todas sus fuerzas. Justo después de su compra en 1973, el precio de aquellas acciones cayó un 50 % y el valor se siguió desplomando durante dos años. Buffett no vendió ni una sola. No perdió de vista el panorama general.

En los años siguientes, el *Washington Post* se enfrentó a grandes adversidades, desde una huelga hasta su papel en el caso Watergate, pasando por recesiones, guerras y el crac bursátil del 19 de octubre de 1987 —el Lunes Negro—, cuando el Dow Jones cayó 508 puntos.

Buffett se negó a vender acciones en esos momentos difíciles porque no perdía de vista el panorama general. Su paciencia se ha visto recompensada con creces: cada año recupera su inversión original con un cheque de diez millones de dólares solo en concepto de dividendos de la compañía.

Para Buffett, era un periodo volátil, pero no un negocio volátil. Hay una gran diferencia entre ambas cosas. Podía haber fluctuaciones en el precio de las acciones por el caos del mercado, pero el negocio subyacente era fuerte y seguro. Nunca entró en pánico. Aguantó. Y los resultados hablan por sí solos.

Lo mismo puede decirse de los accionistas de Berkshire que han conservado sus acciones a las duras y a las maduras. El precio de una acción de Berkshire Hathaway era de 40 dólares en 1974, 1.275 en 1984, 15.400 en 1994 y 97.000 en 2004. Los inversores con la actitud y el tesón adecuados han visto las recompensas, mientras que los que vendieron las acciones lo lamentan.

Van a ocurrir muchas cosas —buenas y malas— mientras seas accionista. En otras palabras, hay que agarrarse fuerte. El mercado de valores fluctuará enormemente y los precios verán sucesivos altibajos. Una vez más, lo importante es estar con las empresas adecuadas y trabajar para mantener la actitud correcta.

> No te obsesiones con el precio de las acciones. En lugar de eso, estudia el negocio subyacente, su capacidad de dar beneficios, su futuro, etc.

He aquí algunos consejos al más puro estilo de Berkshire Hathaway:

Sigue el consejo de Charlie Munger. Siéntate a esperar. No confundas actividad con logros. Cuando se trata de invertir, ocurre más bien lo contrario.

Compra solo acciones de las que no vayas a deshacerte en cinco años o más. Cuando compres una acción, imagina que el mercado bursátil estará cerrado durante los próximos cinco años, lo que no te permitirá venderla. Esto te obligará a adoptar una perspectiva a largo plazo.

Recuerda que «el tiempo es amigo de los mejores negocios». No compruebes el precio de tus inversiones cada día o cada semana; recuerda que todas las acciones fluctúan. Un mejor uso de tu tiempo sería vigilar el rendimiento de la empresa más que el estado de los precios.

Ante la pregunta «¿Cuánto tiempo vas a esperar?», es decir, ¿cuánto tiempo vas a mantener una acción concreta?, la respuesta de Buffett es: «Si estás en el lugar adecuado, espera indefinidamente».

5

Compra empresas, no acciones

Una vez que te metas en el negocio adecuado, deja que los demás se preocupen de la bolsa.

Según Warren Buffett, un factor esencial para invertir con éxito es recordar que se está comprando parte de una empresa real. Las acciones no son nada en sí mismas, sino la representación de partes de un negocio real. Cuando pienses en tu cartera, lo que debería venirte a la mente no son acciones de tal o cual empresa, el típico panel negro del valor de las acciones o las tablas de letra pequeña del suplemento de finanzas del periódico. Lo que debe venirte a la mente, dice Buffett, es la imagen del negocio o los negocios, de las empresas que se dedican a un negocio.

En otras palabras, no se trata de *jugar* con el mercado, sino de comprar empresas, las empresas indicadas. A largo plazo, este tipo de empresa no puede sino prosperar. Del mismo modo, la empresa equivocada simplemente no dará los resultados esperados, ni a corto ni a largo plazo.

Por lo tanto, lo más importante que puedes hacer antes de comprar una acción es pensar largo y tendido sobre la empresa a la que pertenece y su futuro, y verte a ti mismo no solo como un inversor, sino como un analista empresarial. Presta atención al precio, por supuesto, pero aún más al valor; aunque ambos conceptos deberían estar estrechamente relacionados, en muchos casos no es así. El valor surge de lo bien que lo hace la empresa en comparación con la competencia, de la escala a la que lo hace y de cómo se proyecta en el futuro. El inversor inteligente es el que elige una empresa valiosa basándose en este tipo de evaluaciones.

Cuando se trata de invertir, subraya Buffett, todo gira en torno al rendimiento del negocio que hay detrás de la inversión. ¿Qué está haciendo la compañía y cómo de bien lo está haciendo (tanto en sentido relativo como absoluto)? Invertir nunca debe ser algo emocional; siempre es algo «empresarial», como califica Buffett.

Los resultados empresariales son la clave para elegir bien los valores. Estudia el historial a largo plazo de cualquier empresa a la que le hayas echado el ojo.

En 1985, Buffett analizó la mayor empresa textil estadounidense y sus resultados empresariales entre 1964 y 1985. Sus acciones se habían vendido a sesenta dólares cada una en 1964. Veinte años más tarde, el precio apenas se había movido. A pesar de los enormes gastos, el negocio había tenido problemas de forma más o menos constante. «Se trata de un negocio equivocado», concluyó Buffett. En este caso, la estrategia de comprar y mantener a largo plazo no puede funcionar.

Una mirada retrospectiva a todas las empresas puntocom desaparecidas demuestra la importancia del análisis empresarial de Buffett. En aquellos días de euforia, la gente compraba todo tipo de valores de compañías de alta tecnología cuyos precios subían de manera exponencial. Pero ignoraban el valor del negocio subyacente y sus perspectivas a largo plazo. Los inversores compraban acciones basándose en las acciones y no en la calidad del negocio que representaban.

Empresas como Global Crossing y Etoys.com se vendían a más de ochenta dólares la acción. Hoy no valen nada. Buffett no compró ni una sola acción de internet porque, en su opinión, no se trataba de empresas previsibles y rentables con balances y flujos de caja sólidos. Su análisis empresarial le decía que no se involucrara de ninguna de las maneras en este tipo de negocios.

¿Cómo determina Buffett qué empresas le interesan? Busca que se cumplan cuatro condiciones:

1. Han de ser empresas que puede entender.

2. Deben contar con perspectivas favorables a largo plazo.

3. Las han de dirigir personas honradas y competentes.

4. Las acciones deben tener precios muy competitivos.

Un entrenador de fútbol conocido por su gran prudencia explicó una vez su aversión al juego de pases diciendo que, cuando se pasa un balón, pueden ocurrir tres cosas, y dos de ellas son malas. Buffett muestra la misma aversión cuando se trata de negocios que no entiende. Su enfoque empresarial es seguro, conservador y poco sofisticado, pero muy eficaz.

A Buffett le gustan las compañías fáciles de entender porque sabe que su futuro es más seguro y sus ganancias y pérdidas son más fáciles de predecir. Empresas como See's Candies, Nebraska Furniture Mart y Coca-Cola son algunas de sus favoritas porque son estables y tienen beneficios predecibles que probablemente seguirán mostrando una tendencia similar dentro de medio siglo.

Según Buffett, si no puedes hacer este tipo de predicciones con bastante seguridad, estás especulando, no invirtiendo. Claro que invertir siempre implica incertidumbre. Sin embargo, el objetivo es evitar el mayor grado de incertidumbre posible, lo que se consigue, al menos en parte, entrando en negocios que sean razonablemente fáciles de comprender. Los bombones y la Coca-Cola se prestan a un tipo de análisis que, por ejemplo, el ámbito de la banda ancha no.

Buffett evita las empresas complejas que están expuestas a cambios drásticos por un futuro incierto. Los beneficios y el flujo de caja son dos de los pilares de una empresa de éxito. Una capitalización enorme, aunque impresionante, puede convertirse rápidamente en una sentencia de muerte. La capitalización bursátil es importante porque mide la influencia y la capacidad de endeudamiento de una empresa. Pero el efectivo disponible, trimestre tras trimestre en un futuro previsible, importa mucho más.

Algunos podrían criticar a Buffett por no aventurarse en nuevos negocios con aparente buena perspectiva. Pero lo que marca la diferencia es que esa perspectiva no siempre se hace realidad. Más vale pájaro en mano que ciento volando, como se suele decir. Es mejor optar por una rentabilidad conocida que por otra potencialmente enorme, pero altamente especulativa; dar pequeños pasos con regularidad que lanzarse a la carrera con gran riesgo de lesiones.

> Busca la certidumbre en mercados inciertos: empresas que probablemente superen a otras del mismo sector a largo plazo.

En muchos casos, dice Buffett, el pasado es el mejor indicador del futuro. Esto les puede sonar extraño a algunos. ¿No estamos oyendo hablar en la actualidad del ritmo acelerado del cambio y de cómo la economía del futuro será muy diferente de la del pasado? Buffett no está necesariamente en desacuerdo con esta apreciación; simplemente no realiza inversiones basadas en ese tipo de pensamiento. «Busca una empresa que esté haciendo lo mismo hoy que hace una década», sostiene. ¿Por qué? Bueno, en primer lugar, porque la compañía ha tenido tiempo de sobra para averiguar cómo hacerlo bien. Y, en segundo lugar, esa empresa —Buffett pone a menudo a See's Candy como ejemplo— ha encontrado un nicho en el que las cosas no cambian muy deprisa. Suponiendo que esto siga siendo así en el futuro, es poco probable que la empresa cometa grandes errores.

¿Es duradero el negocio? Hazte la siguiente pregunta, aunque pueda parecer una tontería al principio: ¿qué es más probable que siga existiendo dentro de diez años, una determinada aplicación informática o un buen helado? La respuesta debería ser obvia: el helado. El ámbito del *software* avanza demasiado rápido como para seguir siendo una buena apuesta dentro de diez años.

Si no tienes una idea clara de cómo será el negocio dentro de diez años, entonces es que no lo entiendes. En este caso, estás especulando en lugar de invirtiendo. Estás esperando en lugar de pensando.

He aquí algunas cosas que los inversores pueden hacer para mejorar sus perspectivas a largo plazo:

Recuerda que una acción es parte de un negocio. No compres una acción por la cotización; cómprala tras analizar la empresa y sus perspectivas de futuro.

Analiza la empresa antes de comprar acciones. Los beneficios, las ganancias, el flujo de caja, los balances y las cuentas de resultados son algunas de las claves que pueden ayudarte a determinar la salud a largo plazo de cualquier negocio.

Recurre a internet. Hace unos años, investigar a una empresa y sus perspectivas habría llevado días o semanas, e incluso podría serle imposible al inversor no profesional. Hoy en día hay cientos de sitios web gratuitos que ofrecen todo tipo de información empresarial, como informes anuales, beneficios, flujo de caja, registros de las instituciones que regulan el funcionamiento de los mercados de valores, etc.

No pienses en acciones a corto plazo.
Piensa en un negocio a largo plazo.

6

Busca una franquicia

Algunas empresas son lo que Warren
Buffett llama «franquicias». Han construi-
do altos muros y profundos fosos a su
alrededor. Son prácticamente inexpug-
nables. Estas son las empresas que te interesan.

W arren Buffett compra siempre empresas con
ventajas competitivas y productos duraderos.
Busca aquellas que dominan los mercados res-
pectivos. Para describir su ideal, emplea la metáfora de
un enorme e inexpugnable castillo rodeado de un profundo
foso protector.

Este tipo de empresas son las que Buffett llama «franquicias». Con este término no se refiere a lo que entendemos
generalmente como franquicia, como un Dunkin' Donuts
o un Burger King, sino a una entidad con una posición tan
privilegiada que casi garantiza su éxito. Una «franquicia
económica» ofrece un producto o servicio con las siguientes características:

1. Responde a una necesidad o deseo.

2. No requiere demasiado capital.

3. Sus clientes consideran que no tiene un sustituto similar.

4. Su precio no está sujeto a regulación.

See's Candies, mencionada anteriormente, es un ejemplo de lo que Buffett considera una franquicia. Es una empresa con una ventaja competitiva duradera. Lleva más de setenta años vendiendo bombones con éxito y lo más probable es que los siga vendiendo durante los próximos setenta años.

Los productos de esta compañía destacan entre toda la competencia (raro es quien en Estados Unidos no conoce sus productos) y la gente compra esos bombones en concreto por su reputación y calidad. Los clientes están dispuestos a pagar un poco más por ellos y evitar así alternativas más baratas, pero de mucha menor calidad. Así que tu objetivo, como inversor, es intentar comprar empresas de este tipo.

Muchos aspirantes a inversores comienzan buscando oportunidades de negocio haciéndose una pregunta como esta: «¿En qué medida esta empresa, en este sector, va a cambiar el mundo?». Buffett cree que esto es un error fundamental: sí, es probable que un producto que «responde a una necesidad o deseo» (primer criterio) tenga al menos cierto poder para cambiar el mundo de alguna manera. Pero mucho más importante, dice Buffett, es averiguar si la empresa tiene una ventaja competitiva a largo plazo. Es mejor poseer acciones de See's Candies —que ni mucho menos se propone cambiar el mundo— que de DeLorean Motors, que intentó brevemente cruzar espadas con la po-

derosa General Motors. See's tiene un foso; DeLorean no,
y ya hace tiempo que desapareció.

> Busca empresas con aspecto de fortaleza. Trata de encontrar aquellas que destaquen entre sus competidoras

Buffett no siempre comprendió la importancia de la
franquicia. Al principio de su carrera, se centró mucho
más en las grandes compras, que resultaron ser una mala
opción a largo plazo. Aprendió a base de darse de bruces
con la poco atractiva economía de los fabricantes de maquinaria agrícola, los grandes almacenes de segunda categoría y las fábricas textiles de Nueva Inglaterra. Ni muros
sólidos ni fosos profundos.

En 1965, Buffett compró la empresa textil de Nueva
Inglaterra Berkshire Hathaway. Veinte años más tarde, cerró las operaciones de Berkshire Hathaway porque la compañía no tenía futuro y estaba perdiendo dinero. La competencia en todo el mundo estaba acabando con la empresa
y, sin una ventaja competitiva duradera a largo plazo ni un
foso que salvaguardara sus perspectivas, el negocio textil
acabó desmoronándose.

Comparemos esos primeros errores con lo que hizo
Buffett en 2003, cuando sorprendió a muchos comprando
unos dos mil millones de dólares en acciones de la petro-

lera china PetroChina. Esta enorme empresa, de la que mucha gente nunca había oído hablar, domina el negocio del petróleo en el país oriental, es la cuarta petrolera más rentable del mundo y produce tanto crudo como Exxon. Este es el tipo de baluarte empresarial que hay que añadir a la cartera cuando se tiene la suerte de encontrarlo.

Otra clave para comprar franquicias —o invertir en cualquier otro negocio— es esperar hasta que las acciones de la empresa tengan un precio razonable. Este ha sido un sello distintivo de la metodología de Buffett.

> No compras y vendas continuamente. Los estudios demuestran que las operaciones frecuentes en el mercado provocan pérdidas cada vez mayores.

Un experto en Buffett y reconocido autor, Timothy Vick, sugiere hacer una lista de las empresas favoritas y también de los precios más altos que uno estaría dispuesto a pagar por las acciones. Pues bien, hazlo, ten la lista a mano y revísala de vez en cuando. Esto te ayudará a mantener una disciplina y te evitará movimientos que perjudiquen a tu cartera.

En su éxito de ventas *How to Pick Stocks Like Warren Buffett*, Vick expone un argumento muy convincente a favor de «almacenar valores» como hace Buffett, lo que «te obliga a estar alerta. Antes de comprar, hay que determinar un valor razonable de la empresa, lo que significa estudiarla. Dedicar algo de tiempo al proceso de valoración reducirá en gran medida las posibilidades de comprar prematuramente».

He aquí algunas sugerencias para ayudarte a elegir bien y a mantener las inversiones en las empresas adecuadas:

Busca las «franquicias» adecuadas, aquellas que resistirán bien el paso del tiempo. Trata de encontrar siempre empresas que cumplan los criterios de Buffett: una que fabrique productos necesarios o deseados, que no tenga un peligroso competidor, que no consuma capital y que no esté sujeta a regulación de precios.

Estudia bien las empresas antes de comprar acciones. Asegúrate de actuar con la diligencia debida antes de comprar acciones. Esto te ayudará a tomar mejores decisiones de inversión y aumentará tus perspectivas de éxito a largo plazo.

Decide bien qué pelota eliges batear. Buffett aboga por dejar pasar las bolas a la espera de la óptima. Le gusta recurrir al lenguaje del béisbol comparando la compra correcta en el mercado bursátil con el bateador que deja pasar algunas bolas antes de decidirse. Con el tiempo, los mejores inversores toman cada vez menos decisiones de compra y venta.

Si ves pirañas y cocodrilos en un foso profundo que rodea un gran castillo, dice Buffett, tienes el tipo de negocio duradero que te interesa.

7

Invierte lo menos posible en alta tecnología

Buffett no invierte en empresas de tecnología puntera: menos cohetes y láseres sofisticados y más ladrillos, alfombras, pintura o materiales de aislamiento.

Warren Buffett ha comprado acciones en una empresa de ladrillos, una de pinturas, una de alfombras y varias de muebles, así como en una empresa de ropa interior. Este es el tipo de compañías en el que Buffett prefiere invertir porque son fáciles de entender, negocios estables con ganancias predecibles. No son nada lujoso ni sofisticado, sino empresas buenas y sólidas que no cambian mucho a lo largo de los años. Proporcionan un crecimiento constante de los beneficios y los ingresos.

Buffett no tiene acciones en ninguna empresa de la «nueva economía» que esté a la vanguardia en el ámbito tecnológico, como la fibra óptica, los programas informáticos o la biotecnología. Con demasiada frecuencia, afirma, los beneficios de estas empresas no llegan a los inversores que las hicieron posibles. Cita industrias como la radio y la televisión, que sin duda cambiaron nuestras vidas, pero que no han acabado recompensando a sus inversores.

¿A qué tipo de chica invitarías al baile? ¿A la exótica, recién llegada a la ciudad y a la que todo el mundo considera deslumbrante, pero de la que nadie sabe gran cosa? ¿O a la vecina? «Elige a la vecina», dice Buffett. No caigas en el hechizo de un nuevo negocio con perspectivas de crecimiento seductoras. Los mismos factores que lo hacen atractivo también dificultan hacer una evaluación fiable de su economía a largo plazo. Sí, un negocio puede fascinar y tener un éxito espectacular a corto plazo, pero, en última instancia, es probable que a la postre este tipo de empresa fracase.

¿Qué hay de las empresas de ladrillos, pinturas, alfombras y muebles? Lo más probable es que sigan existiendo durante los próximos cien años porque son compañías cuyos productos tienen muy pocas probabilidades de quedarse obsoletos. Tienen una ventaja competitiva a largo plazo y un poder de ganancia constante. «Piensa en un posible futuro dentro de treinta años», aconseja Buffett. Treinta años de rendimiento hacen una gran empresa. Tres años no.

Etoys.com, Cyberrebate.com, Webvan.com, Kozmo.com, Pets.com, Planetrx.com, Rx.com y Pandesi.com: ¿qué tienen en común todas estas empresas? Todas fueron éxitos asombrosos de la alta tecnología durante uno o dos años. Todas tuvieron un breve éxito y luego fracasaron. Webvan.com, una empresa de distribución de comestibles por internet, tenía una capitalización bursátil de siete mil quinientos millones de dólares antes de quebrar. ¿Impresionante? Desde luego. ¿Grandes oportunidades? No, a menos que no tardaras nada en vender las acciones. Cientos de miles de millones de dólares de riqueza de los accionistas se esfumaron prácticamente de la noche a la mañana.

Los negocios de alta tecnología pueden ser una buena inversión, reconoce Buffett, pero para otras personas. Cuando Buffett no sabe cómo se va a ganar dinero en un sector, se mantiene al margen. Por el contrario, cuando entiende el negocio, es mucho más probable que compre. En este sentido, es disciplinado. Si el negocio es demasiado complejo o difícil de predecir, se guardará el dinero en el bolsillo. Esta disciplina es muy importante a la hora de aplicar la filosofía de inversión en valor de Buffett. Desconfía de los negocios deslumbrantes que parecen generar riqueza rápida y fácil de conseguir. Y, si crees que se avecinan grandes cambios en el horizonte de una empresa, mantente alejado. Si no eres capaz de saber exactamente cómo y cuándo va a ganar dinero la empresa, céntrate en otra.

Buffett analizó una vez la guía del inversor de la revista *Fortune* de 1988, que evaluaba el rendimiento de mil grandes empresas. Observó que las compañías más rentables eran en su mayoría negocios mundanos. Era como la tortuga y la liebre de la fábula: acaba ganando la tortuga. De modo similar, las empresas aburridas acaban venciendo a las atractivas y sofisticadas.

> No te dejes tentar por las operaciones rápidas con empresas relativamente complejas (como las de alta tecnología). Son las más imprevisibles a largo plazo.

Invertir en una empresa de alta tecnología es como si un lanzador de béisbol enviara la pelota a cincuenta metros. En alguna ocasión que otra habrá resultados espectaculares y grandes ganancias, pero la mayoría de las veces el pase quedará sin completar. Buffett prefiere lanzamientos más modestos para garantizar el juego y discretos beneficios, pero más seguros. Se parece mucho al método de los entrenadores que afirman que es mejor tener la certeza de un buen resultado que la esperanza de uno histórico.

He aquí tres consejos para que perfecciones tu estrategia de inversión:

Evita invertir en empresas de sectores fluctuantes. Una de las claves de Buffett es comprar acciones de empresas que entiende, con modelos de negocio y una tendencia de crecimiento de beneficios predecibles. No cedas al canto de sirena de las empresas de moda de Silicon Valley. Esos negocios son sencillamente demasiado difíciles de predecir a largo plazo. Si tienes dudas, visita el cementerio de las puntocom; esto pondrá de relieve los peligros de invertir en empresas atractivas que prometen un crecimiento desorbitado.

Invierte en empresas de toda la vida. Buffett adora lo aburrido y mundano. Esto se explica porque este tipo de empresas probablemente seguirán en el mismo negocio dentro de muchos años. Fíjate en las compañías que llevan en pie los últimos cincuenta años para saber cuáles sobrevivirán el próximo medio siglo.

Recuerda que a las empresas les lleva décadas hacerse grandes. La última lección de esta estrategia de Buffett es que se ha de pensar a largo plazo. Hay demasiadas compañías que suben como la espuma en sus primeros años, para caer a plomo al cabo de un tiempo. Intenta descartar las empresas que podrían verse afectadas por un nuevo avance tecnológico o un nuevo competidor.

Decántate por las empresas cuyo único cambio en el futuro sea ampliar el negocio en su mismo ámbito.

8

Concentra tus inversiones en Bolsa

Evita lo que Buffett llama el «estilo de inversión Arca de Noé», es decir, invertir un poco aquí, otro poco allá. Es mejor tener un número menor de inversiones, pero con más dinero en cada una de ellas.

La mayoría de los supuestos expertos recomiendan a los inversores diversificar, es decir, comprar muchas acciones a la vez de distintas empresas, de modo que, si una en concreto se desploma, no arrastrará a las demás de tu cartera. Pues bien, Warren Buffett hace más o menos lo contrario.

La diversificación, es decir, la práctica de poseer acciones en muchas empresas diferentes, según Buffett no es necesariamente la forma correcta de invertir. Su política es la de concentrar las participaciones. Prefiere tener solo unas pocas participaciones e invertir mucho dinero en ellas. Si has encontrado la empresa adecuada, ¿por qué comprar solo unas pocas acciones? Este proceder suscribe la filosofía de Mae West de que «demasiado de algo bueno resulta maravilloso».

El apoyo de Buffett a esta forma de invertir —y a la inversa, el rechazo que muestra a la diversificación— es otra pista clave de su filosofía de inversión. No es de extrañar que vaya en contra de la opinión generalizada en Wall Street.

La mayoría de los agentes de bolsa recomiendan diversificar la cartera de inversiones. «No ponga todos los huevos en la misma cesta», aconsejan. «Cubra sus apuestas». Preferirían que fueras como Noé y tuvieras dos acciones de cada empresa existente. Buffett no está de acuerdo. Invierte en cinco o diez buenas empresas comprando el mayor número de acciones posible a buen precio. ¿Por qué invertir dinero en la vigésima mejor opción, se pregunta Buffett, en lugar de en las cinco o diez mejores?

Cuando Buffett cree firmemente en una inversión, no se contiene. De hecho, tiende a invertir grandes sumas en ella. Por ejemplo, invirtió mil millones de dólares en acciones —doscientos millones en concreto— de Coca-Cola. Compró ciento cincuenta y un millones de acciones de American Express. Compró más de dos mil millones de acciones de PetroChina por 488 millones de dólares. Esa participación, por cierto, vale ahora más de mil doscientos millones de dólares.

En 2004, Berkshire Hathaway tenía inversiones significativas en solo diez empresas de las que cotizaban en bolsa. En otras ocasiones, ha llegado a tener participaciones importantes en tan solo cinco. Ha demostrado en repetidas ocasiones que, cuando se compran muchas acciones del negocio adecuado al precio adecuado, esta estrategia —de concentración— puede hacer maravillas con el tiempo.

> Cuando estés convencido de las buenas perspectivas de una empresa fuerte, no te contengas y mejora tu posición, en lugar de comprar en la decimoquinta o vigésima de tu lista de posibles inversiones.

Charlie Munger, vicepresidente de Berkshire Hathaway, también cree firmemente en no diversificar. De hecho, va un paso más allá, argumentando que «en Estados Unidos, una persona o institución con casi todo su patrimonio invertido a largo plazo en solo tres buenas empresas del país es rica con seguridad». Es la paciencia y evitar diversificar, dice Munger, lo que explica el asombroso éxito de Buffett y Berkshire Hathaway.

Así que, cuando los intermediarios de bolsa te insten a diversificar y te adviertan de que demasiada riqueza en unos pocos valores te expone a un riesgo importante y a una cartera muy desequilibrada, ten en cuenta que el patrimonio de Warren Buffett vale actualmente más de cuarenta y cuatro mil millones de dólares porque posee directamente 474.998 acciones de una sola empresa, Berkshire Hathaway.

La participación de Benjamin Graham en GEICO Insurance fue igualmente responsable de la mayor parte de su riqueza. Munger cree que, cuando surge la oportunidad de entrar en un «negocio maravilloso dirigido por un gestor maravilloso», es un gran error no subirse al carro.

¿Acaso no es mejor encontrar acciones de una gran empresa a un buen precio y hacer una inversión sustancial en ella, en lugar de invertir pequeñas cantidades en veintisiete fondos de inversión o veintisiete empresas diferentes?

¿Cómo aprovechar al máximo esta estrategia de Buffett? Pon en práctica los siguientes tres consejos:

Al componer tu cartera de acciones, no inviertas en más de diez empresas. Buffett cree que, a pesar de lo que digan los expertos, la diversificación puede aumentar las posibilidades de reducir los rendimientos. Haz los deberes y encuentra entre cinco y diez valores que te gustaría tener durante los próximos cinco o diez años. Luego, espera a que alcancen un precio atractivo. Cuando lo hagan, compra con confianza y —quizá lo más importante— ten paciencia.

Asegúrate de que las acciones que compras se ajustan a los criterios expuestos por Buffett. Deben ser de empresas buenas y sólidas (que se podrían calificar incluso de aburridas) que cuenten con equipos directivos fuertes. Estudia el rendimiento de la compañía bajo la dirección actual. Y no seas de gatillo fácil. Espera a que las acciones de las empresas tengan un precio interesante.

Sé valiente. Muchas de las mayores inversiones de Buffett se realizaron con valentía durante periodos de recesión económica y empresarial, cuando casi todos los demás estaban demasiado asustados para actuar.

Concentrar la cartera, y no diversificarla, también tiene el poder de evitar que uno se pierda por el camino. ¿Cómo? Si pones los huevos en unas pocas cestas, es mucho menos probable que acabes invirtiendo por impulso o emoción.

9

Practica la inactividad, no la hiperactividad

Hay veces en que no hacer nada es un signo de brillantez inversora.

L
a energía que se gasta cada día en el parqué de la Bolsa de Nueva York es impresionante. Más de mil millones de acciones cambian de manos en una jornada normal.

Este ritmo frenético a menudo se transmite a los demás participantes en el juego de la inversión. Hay *day traders* y *swing traders* que compran acciones y pretenden venderlas pocos días más tarde; hay literalmente miles de fondos de inversión y otros productos financieros que hacen girar febrilmente sus carteras diaria, semanal y mensualmente.

Incluso el inversor particular se ve afectado. Uno de los mayores mitos sobre la inversión que ha surgido con el tiempo es que hay que operar con frecuencia para tener éxito. Pero hay al menos un inversor legendario que constituye una notable excepción a toda esta hiperactividad.

Warren Buffett, posiblemente el mejor inversor de todos los tiempos, se parece más a un sosegado ermitaño que a una persona que no para de moverse en todas direcciones. Suele aludir a la inactividad como «comportamiento inteligente». Dice, y no le falta razón, que el inversor sabio puede ganar dinero mientras duerme. Aplaude el *non fare niente* y se refiere a él como una piedra angular de su filosofía de inversión.

¿Ociosidad? ¿Inactividad? ¿Dormir para hacerse rico? ¿De qué va todo esto? ¿Acaso invertir no es vivir deprisa?

En una palabra: no. Buffett rehúye de lo que él llama «hiperactividad». Ningún movimiento es bueno si ya se han dado los pasos adecuados. Una revisión en 2004 de las seis mayores participaciones de Buffett reveló que la última vez que había cambiado su posición en Moody's fue en 2000, en American Express en 1998, en Coca-Cola en 1994, en Gillette en 1989 y en Washington Post Company, allá por 1973. No es precisamente algo que haga que Buffett caiga bien a los corredores de bolsa.

A Buffett le gusta comprar acciones, pero vender es otra historia. Compara al inversor propenso a las ventas con una abeja que revolotea de flor en flor. Como aconseja: «Si ya estás en la flor adecuada, quédate ahí». Resiste la tentación de la hiperactividad.

Buffett ha logrado el éxito siendo paciente e inactivo. Sin embargo, la mayoría de los inversores son muy impacientes e inquietos. Buffett cree que la compraventa frecuente es peligrosa para el patrimonio. Tiene costes derivados, como comisiones e impuestos sobre las plusvalías, mientras que la propiedad inactiva a largo plazo de una acción los evita.

No operes por operar. Hacerlo de manera frecuente es el sello distintivo de los inversores hiperactivos, que suelen acabar con más pérdidas que ganancias.

Muchos inversores pasan por alto las implicaciones fiscales de la compraventa frecuente. Buffett insiste en esto señalando que, con la misma tasa de rendimiento compuesto, es mucho mejor para el contribuyente medio (¡como somos la mayoría!) quedarse con un solo lote de acciones que comprar y vender a menudo. Los impuestos reducen la rentabilidad neta de los inversores.

John C. Bogle, el legendario fundador de la familia de fondos de inversión Vanguard y gran admirador de Buffett, está en el mismo bando. Lleva más de medio siglo advirtiendo a todo el que quiera escucharlo sobre los costes ocultos de las inversiones. Además de las comisiones y los impuestos, dice Bogle, hay otros costes asociados de los que la mayoría de los inversores particulares no son conscientes.

Por ejemplo, cualquier fondo de inversión que conlleva comisiones no solo cobra varios puntos porcentuales de comisión, sino que además, inherentes al precio de esas participaciones, están los costes de negociación, los costes de actividad, etc. Al igual que los impuestos, estos costes ocultos merman la rentabilidad neta del inversor a largo plazo, pero la mayoría de quienes invierten ni siquiera saben que se los cobran. Cuantas más operaciones, dice Bogle, más pérdidas. Compara invertir con frecuencia con el juego en Las Vegas: al final, la casa siempre gana.

Para grandes inversores como Bogle y Buffett, la inactividad significa comprar y vender con poca frecuencia, pero también esperar todo lo necesario a que aparezca una oportunidad de compra. Si un año no se le presenta ninguna, Buffett se atrinchera y espera pacientemente a que llegue la siguiente, tarde lo que tarde; en 2004, no hizo ninguna inversión importante. Hace varios años, Buffett calculó que en unos cincuenta de los sesenta y un años que llevaba invirtiendo no había encontrado buenas oportunidades. Visto desde otra perspectiva, esto significa que en casi un año de cada cinco —el 20 % de las veces— no había nada que valiera la pena comprar. Si como inversor no recuerdas la última vez que dejaste pasar un año entero sin comprar, es posible que estés haciendo algo mal.

¿Cómo te puedes asegurar de no dejarte llevar por la fiebre del mercado y operar con demasiada frecuencia? Pon en práctica estos principios de Buffett:

Sé un inversor con la vista puesta en años, no en días o semanas. Recuerda el estilo de Buffett el ermitaño. La clave para invertir bien es ganar a largo plazo. Invierte en grandes empresas durante mucho tiempo y superarás a la gran mayoría de los inversores más activos.

No hay que confundir la actividad con los logros. Buffett se ha comprometido a vivir este principio, popularizado por el gran entrenador de baloncesto de la Universidad de California, John Wooden. No te dejes llevar por las prisas. No te unas a todos aquellos que invierten por invertir. Si haces esto, mejor que te busques otro pasatiempo.

Cuidado con los costes ocultos. Cuando se trata de invertir, pocas cosas salen gratis. Sin embargo, a largo plazo, puedes evitar muchos costes y minimizar los impuestos. Esto significa no pagar comisiones elevadas por las operaciones con acciones o fondos de inversión. Implica evitar operar a menudo. Conlleva ser paciente y dejar que el dinero se vaya acumulando. Todo esto pasa por hacerse muchas preguntas, informarse bien sobre las acciones y los fondos y no seguir el consejo que hayas escuchado en la radio o visto en una valla publicitaria. Cumple tu plan previsto.

En caso de duda, mantente al margen. Es mejor dormir que accionar en vano la maquinaria y generar gastos.

10

No te obsesiones
con los gráficos

En los gráficos de bolsa todo gira en torno a los precios. Sin embargo, invertir implica mucho más que consultar precios.

¿Tiene el mejor inversor del mundo una herramienta de última generación para consultar los índices bursátiles? No. Entonces, ¿cómo sigue Warren Buffett las oscilaciones de los precios de las acciones cada hora o cada día? No lo hace. ¿Y las oscilaciones mensuales o anuales? Es algo que no le interesa especialmente.

Esto contrasta con cualquier oficina de *brokers* o cualquier canal de televisión de noticias financieras, donde las cotizaciones aparecen en la pantalla en un interminable aluvión de precios, números y decimales. Muchos «inversores activos» —esto es, los que negocian acciones con frecuencia— observan estos movimientos sin cesar, como si su vida dependiera de ellos, y conceden gran importancia al más mínimo cambio en los precios.

Muchos se preguntarán, entonces, qué sería de un *day trader* sin los gráficos de índices bursátiles. La respuesta es simple: no es un *day trader*.

A Warren Buffett, el clásico inversor en valor, sencillamente no le importa lo que ocurra con las desviaciones de los precios a corto plazo. Si uno posee acciones de grandes empresas, entonces el corto plazo no importa; todo recae en el largo plazo. La única excepción a esta regla es si los precios caen significativamente, lo que a Buffett le supone una oportunidad de comprar más acciones. Solo en este caso, cuando las acciones salen a la venta, Buffett se interesa por ellas.

Una vez más, Buffett no pierde de vista la empresa que hay detrás de esas participaciones. Su atención se centra en el valor de la compañía y sus perspectivas de futuro, no en el precio de las acciones. Para la mayoría de la gente, el enfoque es el contrario: se obsesionan comprobando constantemente los precios y el volumen de negociación diario.

Pero esta es una fórmula ideal para volverlo a uno loco, más que la receta para invertir con éxito. Comprobar la cotización todos los días puede exaltar el ánimo con facilidad: una subida del precio de la acción provoca euforia, mientras que una bajada, una sensación de pesimismo. Y, cuando estos cambios de humor empiezan a afectar a la compra y la venta, pueden tomarse malas decisiones.

> Desengánchate. Evita los gráficos. Deja de mirar los precios de las acciones cada día.

Buffett afirma que no ha consultado una cotización de See's Candies desde que la compró por primera vez en 1972 —hace ya más de cinco décadas— y que no necesita hacerlo. Señala que, de todas formas, la gente pasa el fin de semana sin consultar el precio de las acciones. El buen inversor, dice, ni siquiera echaría de menos el mercado de valores si cerrara durante un año o dos. Si se tiene una cartera sólida, ¿por qué preocuparse por las fluctuaciones de los precios?

En lugar de centrarse en los movimientos del precio de sus acciones, el tiempo de un inversor estaría mejor empleado si vigilara el rendimiento de la empresa: su gestión, sus beneficios, su flujo de caja, sus perspectivas de futuro, etc. ¿Sabías que en 1960, Walmart vendió por un valor de 1,4 millones de dólares y obtuvo unos beneficios de 112.000 dólares? En 1980, las ventas fueron de mil doscientos millones de dólares y los beneficios de cuarenta y un millones. En 1990, las ventas ascendieron a veintiséis mil millones de dólares, con unos beneficios de mil millones. Esto es lo que Buffett considera importante. Es cierto que el precio de las acciones acabará reflejando el valor de la empresa. Pero ese precio futuro no dependerá del entusiasmo de hoy, sino de los beneficios de mañana. Hace una analogía con el espectador de un partido de béisbol. Se trata más bien de observar el terreno de juego, y no el marcador. ¿Qué dice la calidad de juego de tu equipo sobre sus perspectivas de ganar? ¿Cuál es el mejor lugar para predecir el resultado? El propio campo.

Lo que cuenta es el rendimiento. Piensa en lo siguiente: si hubieras comprado cien acciones de Walmart en 1970 a 16,50 dólares la acción, veinte años después esta inversión habría alcanzado la increíble cantidad de 51.200 acciones (el resultado de nueve desdoblamientos de acciones en proporción de dos por uno) a un precio de 62 dólares la acción; en otras palabras, 1650 dólares se habrían acabado convirtiendo en más de 3,1 millones de dólares (ejemplo que recoge Sam Walton en su libro *Made in America. Mi historia*). Increíble, ¿verdad? Pero no ocurrió porque la gente estuviera pendiente de las cotizaciones bursátiles, sino porque una empresa obtuvo unos resultados espectaculares.

En otras palabras, si compras acciones de una gran empresa, su índice en la bolsa acabará validando tu elección. Como dijo Ben Graham: «A corto plazo, el mercado es una máquina que cuenta billetes, pero a largo plazo es una máquina de pesar».

Para invertir como Buffett, cambia de hábitos. Acostúmbrate a juzgar el éxito de tus inversiones en función del rendimiento de las empresas y no del de las acciones.

Berkshire Hathaway genera cien millones de dólares semanales gracias a sus operaciones comerciales. El negocio sigue funcionando bien, la dirección es fuerte y sus perspectivas de futuro parecen prometedoras. Así pues, ¿a quién le importa realmente lo que diga hoy el índice de precios sobre la empresa? Si el negocio es robusto, los gráficos reflejarán esa fortaleza a largo plazo. Así que fíjate en los resultados operativos de las empresas en que hayas invertido. Con el tiempo, los mercados evaluarán tus inversiones exactamente en los mismos términos. Las emociones del momento remitirán, las empresas fuertes irán en cabeza y sus precios serán elevados.

¿Qué puedes hacer para desarrollar hábitos de inversión similares a los de Buffett? Considera lo siguiente:

Evita el ruido. Si ves a diario programas de inversión —esos llenos de buenos consejos que ofrecen supuestos expertos—, apaga la tele. Una vez más, desengánchate.

No es más que ruido. La clave no está en los movimientos diarios de los precios, sino en la salud de las empresas en las que estás considerando invertir.

Analiza el terreno de juego, no el marcador. Deja de obsesionarte por los precios y concéntrate en otros aspectos, como el flujo de caja, los balances y los beneficios futuros. Esto es lo que determinará los precios de las acciones a largo plazo. Y, si eres un inversor, no un operador de bolsa, solo debe importarte el largo plazo.

Ve más allá del precio. El legendario Phillip Fisher dijo una vez que el mercado de valores estaba «lleno de individuos que conocen el precio de todo, pero el valor de nada». No caigas en esta trampa; céntrate en el valor, no en el precio.

Warren Buffett no sabe a cuánto se vende hoy su propia empresa, Berkshire Hathaway. No sabe y no le importa demasiado a cuánto se vendía ayer o se venderá mañana. Lo que sí le importa es el precio al que se venderá dentro de una década, porque esa será su forma de conocer el rendimiento de la compañía y, por tanto, su verdadero valor.

11

Considera las caídas del mercado como oportunidades de compra

Las caídas del mercado no deben suponer un duro golpe; son oportunidades de compra. Si la mayoría empieza a huir de un buen valor, prepárate para correr hacia él.

U n artículo de periódico publicado en el verano de 2004 informó de que el índice del Dow Jones se había «desplomado casi 150 puntos», hasta un nuevo mínimo del año, ya que los inversores «vendieron un gran número de acciones tras un desfavorable informe sobre el empleo y persistían los altos precios del petróleo». El artículo también afirmaba que los inversores «vendieron con fuerza por segundo día consecutivo» debido a la preocupación por la inflación y al lento crecimiento del empleo, que amenazaban con «interrumpir la recuperación económica durante un periodo prolongado».

El contenido seguía en términos parecidos. Si se obvian las cifras, el párrafo anterior podría servir de plantilla para casi cualquier artículo sobre finanzas de las últimas décadas. Se suceden cosas malas en el mundo y los mercados caen. Luego pasan cosas buenas y los mercados suben.

Luego vuelven a caer y Wall Street —y la industria en torno a Wall Street— entra en pánico. *Pánico* es una palabra que se ha eliminado del vocabulario de Wall Street, pero la mentalidad asociada con el pánico sigue ahí. La mayoría de la gente con dinero invertido en bolsa odia que caigan las cotizaciones. Consideran las correcciones del mercado como contratiempos en el mejor de los casos y como desastres en el peor. Cuando pierden los nervios, cortan por lo sano y salen del mercado.

Sin embargo, cuando los mercados se desploman, hay al menos un inversor que no vende sus acciones y sale corriendo. Warren Buffett, una vez más, presenta un marcado contraste con la sabiduría imperante en Wall Street. La mayoría de la gente vende justo en el momento equivocado, cuando los precios están cayendo. A Buffett le encanta cuando los precios de las acciones caen porque esta circunstancia presenta oportunidades de compra. Por tanto, dice, los inversores inteligentes deben aprender a sentirse cómodos con este tipo de volatilidad. Si nunca experimentáramos oscilaciones bruscas, si no tuviéramos esos desplomes que hacen enloquecer a Wall Street, jamás se nos presentarían grandes oportunidades.

Buffett realizó la mayoría de sus grandes inversiones en periodos bajistas del mercado. En esos momentos los precios de las acciones de grandes empresas se habían desplomado (junto con todo lo demás) o las grandes empresas experimentaban dificultades temporales pero superables y sus precios de cotización disminuían.

The Washington Post Company, GEICO y Wells Fargo son ejemplos de cómo Buffett aprovecha las caídas del mercado para invertir en el futuro. En 1973, el mercado bursátil estaba muy deprimido, lo que redujo el precio de las acciones del *Washington Post* a unos seis dólares cada una, ajustado a los posteriores desdoblamientos de acciones. Buffett se apresuró a invertir 10,6 millones de dólares en la empresa. Más de medio siglo después, el precio de esa acción de seis dólares es ahora de más de novecientos, la segunda acción más cara de la Bolsa de Nueva York después de la propia Berkshire Hathaway. Una vez más, Buffett compró un negocio sólido cuando sus acciones se vendían a un precio irresistible. Esto es lo que a Buffett se le da tan bien. Busca constantemente acciones infravaloradas, es decir, aquellas cuyo valor es superior a su precio, algo así como comprar billetes de un dólar a cuarenta centavos.

> Busca acciones de empresas de calidad que estén a buen precio por motivos ajenos al desempeño de la compañía o a la calidad de su gestión.

Debido a los caprichos de los mercados financieros, controlados tan a menudo por la codicia o el miedo, las acciones de las mejores empresas a veces bajan, lo que representa una gran oportunidad para comprar acciones a buen precio. En otras palabras, la irracionalidad del mercado hace que estas empresas excelentes sucumban al frenesí de la bolsa sin motivos reales. Y, en consecuencia, se presenta una oportunidad de compra única.

En 1976, las acciones de GEICO se habían desplomado de sesenta y uno a dos dólares. La empresa se encontraba en un terreno financiero muy inestable, por decirlo de alguna manera. Buffett estaba convencido de que la compañía se recuperaría porque representaba un gran negocio, contaba con una clara ventaja competitiva en el ámbito de los seguros y una sólida gestión.

Así las cosas, Buffett empezó a acumular acciones de GEICO. Acabó invirtiendo finalmente cuarenta y seis millones de dólares en la empresa. GEICO había sido «mal valorada», en opinión de Buffett; todo lo que tenía que hacer era realizar su inversión y esperar a que se ajustara la valoración. Como ya se ha apuntado, la nueva valoración acabó llegando. Su participación de cuarenta y seis millones de dólares se convirtió en una participación de mil millones.

En 1990, Buffett compró cinco millones de acciones de Wells Fargo Bank en un momento en que los bancos estaban sufriendo un duro golpe debido a un pasado reciente de préstamos poco sólidos y a un clima empresarial desfavorable. Wells Fargo, en particular, estaba teniendo problemas debido a la depresión del mercado inmobiliario de California. Pero a Buffett le gustaba la compañía. Le gustaba su equipo directivo, le gustaba el negocio y, en particular, le gustaba el bajo precio que tenían las acciones.

La moraleja de estas historias —y de muchas otras similares— es que Buffett compró muchas acciones cuando las grandes empresas las ponían a la venta a bajo precio por las condiciones del mercado y del ámbito del negocio. Casi todas las empresas fuertes van a encontrar dificultades antes o después, por lo que el precio de sus acciones se verá afectado y bajará. Precisamente ese suele ser el mejor momento para comprar, porque finalmente el mercado de valores reconocerá el valor real de la empresa y el precio de las acciones se recuperará. Como escribió Ben Graham, el mentor de Buffett: «El inversor que se deja llevar o se preocupa indebidamente por las caídas injustificadas de sus acciones en el mercado está transformando sin saberlo su mejor ventaja en su peor desventaja. Las fluctuaciones de precios solo deben significar una cosa para el verdadero inversor: le brindan la oportunidad de hacer compras acertadas cuando los precios caen bruscamente y de vender en el momento adecuado, cuando suben mucho».

¿Cómo atraer algo de la magia de Buffett para tus propias estrategias de inversión? Piensa en lo siguiente:

Cambia de mentalidad inversora. Cambia de chip. Aprende a apreciar un mercado que se hunde, pues representa una oportunidad. No te dejes llevar por lo que hacen los demás, no entres en modo pánico cuando caigan los precios de las acciones.

Busca siempre el valor. Buffett hizo sus mejores inversiones cuando los precios de las acciones estaban en mínimos debido a las condiciones del mercado o a que una empresa atravesaba dificultades temporales. La clave está en reconocer la diferencia entre un contratiempo temporal y una verdadera hecatombe.

Da el paso cuando se den las tres variables de Buffett. Cuando encuentres una empresa sólida con una ventaja competitiva duradera, una gestión fuerte y acciones a un precio bajo, lánzate, aunque empieces con unas pocas participaciones.

Buffett sostiene que los inversores no pierden cuando caen los mercados, sino quienes venden. Así que sé como Buffett: un inversor.

12

Espera a dar el golpe perfecto

¿Te verías capaz de predecir la evolución de cada valor del índice estadounidense de Standard & Poor's (S&P 500) en los próximos años? Ante tal reto, ni el propio Warren Buffett —uno de los mejores inversores de todos los tiempos— se sentiría seguro. Pero ¿y si tu objetivo consistiera en encontrar uno solo con perspectivas prometedoras entre ese medio millar? En este escenario, Buffett estaría mucho más cómodo, pues calcula que acertaría en nueve de cada diez casos.

Según muchos supuestos expertos bursátiles, ser un inversor de éxito conlleva hacer un gran número de decisiones de inversión a lo largo de la vida. Warren Buffett no está de acuerdo. De hecho, afirma que una buena decisión al año es de por sí un listón muy alto, difícil de superar, pero lo bastante bueno como para garantizar el éxito.

A Buffett le gusta utilizar una analogía con el béisbol para describir su forma de invertir. Un inversor está de pie, bate en mano, y las posibles inversiones bursátiles se lanzan continuamente hacia él. Buffett dice que hay que esperar el momento oportuno para dar el golpe ganador.

Hay que ser paciente, dejar pasar las bolas y esperar el lanzamiento adecuado. Buffett leyó con gran interés *The Science of Hitting*, del legendario bateador Ted Williams, de los Red Sox. Para los legos en la materia, la zona de bateo es, como su nombre indica, el lugar indicado para golpear la bola. Pero Williams veía esa área como un gran paisaje que tenía que dividirse en muchas zonas más pequeñas. Solo cuando el lanzamiento entraba en una subzona muy pequeña, la adecuada —un «punto óptimo»—, Williams golpeaba.

Buffett siempre está esperando, viendo pasar los lanzamientos. Pero solo batea a los lanzamientos —véanse las acciones— que llegan a él por el punto óptimo. Su punto óptimo, como ya se ha dado a entender, es una gran empresa con un sólido futuro de beneficios y dirigida por un equipo directivo capaz y ético cuyas acciones estén a un buen precio. Si la bola no se encuentra en el punto óptimo y no se cumplen estos criterios, no batea.

Y, como se ha señalado, puede esperar un par de años antes de hacer una inversión porque no le gusta ninguno de los negocios que se le presentan. Ha dejado pasar años sin invertir. Solo cuando todos los ingredientes están presentes, se lanza y, entonces, lo hace con fuerza, invirtiendo mucho dinero. ¿Cuál es el resultado? En el caso de Buffett, suele ser un golpe ganador.

> Existe el equivalente inversor del buen bateador, que aprovecha el «punto óptimo» para dar el golpe que le hace ganar.

Buffett considera que uno de sus mayores errores fue no invertir grandes cantidades en acciones de Walmart. Cree que podría haber ganado al menos diez mil millones de dólares si hubiera apostado por la compañía, pero no le gustó el precio de la acción en ese momento. Buffett llama a este y otros errores similares «errores por omisión», es decir, errores por no haber bateado ante un buen lanzamiento. Pero Buffett se los perdona. Es más duro consigo mismo por los errores de comisión, es decir, por invertir mucho en algo que sale mal.

Uno de los pocos errores de comisión de Buffett fue invertir en US Air, experiencia de la que aprendió a las malas sobre el negocio de las aerolíneas. En opinión de Buffett, renunciar a una ganancia de diez mil millones de dólares con Walmart duele menos que haber perdido una cantidad menor en US Air. Un error de omisión refleja disciplina en la acción; un error de comisión refleja una ruptura de esa disciplina. Y, en general, hay que señalar que la media de bateo de Buffett es más que respetable. En todo el tiempo que lleva al frente de Berkshire Hathaway, sus ganancias han superado a sus pérdidas en una proporción de cien a uno.

De hecho, Buffett es el equivalente de Wall Street a la leyenda del béisbol Ted Williams. Un análisis de las inversiones bursátiles de Buffett de 1987 a 2004 revela que casi todas sus inversiones —casi todos los golpes que ha dado— han aumentado enormemente de valor. Por ejemplo, su inversión de 463 millones de dólares en Wells Fargo vale ahora tres mil quinientos millones. Su inversión de mil cuatrocientos millones de dólares en American Express vale ahora ocho mil quinientos millones.

Como inversor, si eres disciplinado, si esperas a encontrar una empresa con un gran negocio y una gran gestión cuyas acciones se venden a un precio atractivo, lánzate a por ellas si tienes los medios para hacerlo y te ves capaz de tolerar el riesgo que supone.

Solo hay que prepararse bien para dar un golpe ganador —esto es, para tener éxito— pocas veces en la vida inversora. Charlie Munger dice que, si obviáramos las quince mejores inversiones de la cartera de Berkshire Hathaway, estaríamos ante un rendimiento bastante medio. ¿Qué lección sacamos de todo esto? Pues que, por lo general, no se debe golpear así como así, sino que se ha de hacer con decisión y cuando sepamos que la bola llegará muy lejos. Warren Buffett recomienda que la gente tome la siguiente nota mental: solo se deben tomar veinte decisiones de inversión en toda la vida. Cada vez que lo hacen, pierden una de las pocas oportunidades que tienen. Buffett cree que esta idea de pocos movimientos obligará a la gente a pensar con detenimiento y en profundidad antes de hacer una inversión. Esto aumentará las posibilidades de éxito y descartará las decisiones precipitadas e impulsivas. Es la calidad, no la cantidad, lo que debe regir tu estrategia de inversión.

¿Cómo puedes aumentar tus probabilidades de éxito a la hora de invertir? Toma nota de lo siguiente:

Adapta la idea de Buffett –pocas y excelentes decisiones de inversión– a tu propia cartera. Mantén la disciplina de permitirte tan solo cierto número de inversiones. Procura que cada una cuente y, para ello, haz los deberes observando de cerca las oportunidades y siendo paciente.

Asegúrate de esperar el punto óptimo. Recuerda que el punto óptimo, según Buffett, tiene tres condicionantes: grandes empresas con un sólido futuro de beneficios, dirigidas por directivos capaces y éticos, y cuyas acciones estén disponibles a un buen precio en bolsa.

No operes demasiado pronto. Además de limitar el número de operaciones que realizas, asegúrate de «entrar en una posición», es decir, comprar una acción, cuando sea el momento adecuado. Recuerda que Buffett ha llegado a esperar años antes de decidirse por un negocio concreto.

Basta con unas cuantas buenas inversiones.

13

Ignora lo macro y céntrate en lo micro

Según Warren Buffett, las grandes tendencias no relacionadas de manera directa con la empresa no importan. Lo que sí cuenta son las pequeñas cosas, las que son específicas de la compañía.

¿Sabes que Warren Buffett, posiblemente el mejor inversor del mundo, no deja que los factores macroeconómicos afecten a sus decisiones? No es un «hombre de macroeconomía», como le gustar definirse. Si el presidente de la Reserva Federal de Estados Unidos le susurrara al oído izquierdo y el Secretario del Tesoro le susurrara al derecho, revelándole su visión del futuro, no les haría caso. Seguiría pendiente de sus negocios.

Piensa en ello: el enfoque tradicional es confiar mucho en lo macroeconómico a la hora de tomar decisiones de inversión. Cosas como los indicadores económicos, el crecimiento de la economía, la construcción de viviendas y los acontecimientos políticos ocupan un lugar preponderante en la mente de la mayoría de los inversores. Los programas de noticias por cable están repletos de análisis financieros y consejos basados en macroeventos.

Por ejemplo, un típico informe de noticias financieras de la primavera de 2004 decía así: «El mercado fluctuará en las próximas fechas, especialmente a la luz de las convenciones nacionales de los demócratas y los republicanos, los Juegos Olímpicos del próximo verano y la tensión en Irak. Todo esto hará resentir la bolsa, así que tomen los beneficios que tengan o paralicen sus operaciones». En esa misma época, otro experto televisivo se expresaba en estos términos: «El temor ante la política fiscal del senador John Kerry, el riesgo de terrorismo, los elevados precios del petróleo y el resultado de las elecciones presidenciales están creando incertidumbre y nerviosismo en el mercado».

En definitiva, parece que hay una larga lista de factores que hay que sopesar, ¿verdad? Pues bien, el consejo de Buffett es que «ni te molestes». Concéntrate en el árbol y no en el bosque. No te preocupes por la bolsa a corto plazo; preocúpate por las perspectivas a largo plazo de las empresas en las que has invertido (o en las que te propones invertir). Si dedicas tiempo a analizar la posible tendencia del mercado dentro de un mes o un año, dice Buffett, simplemente estás perdiendo tiempo.

Pregúntate qué estás escrutando exactamente. ¿Eres un analista de la economía nacional? ¿Un analista del mercado? ¿Un analista de valores? Si has respondido sí a alguna de las preguntas, en opinión de Buffett, estás equivocado. No eres, o no deberías serlo, un analista de negocios.

Para invertir como Buffett, hay que ignorar los factores y acontecimientos macroeconómicos y concentrarse realmente en las empresas en las que se está pensando invertir. Analiza las perspectivas de negocio, el equipo directivo, etc. No pensar con suficiente amplitud suele tener malas consecuencias. Pero, cuando se trata de analizar cosas concretas, Buffett aconseja, en este caso sí, mirar muy de cerca. No te distraigas con cuestiones macroeconómicas.

Recuerda las lecciones de los capítulos anteriores. Como inversor al estilo de Buffett, le has dedicado mucho tiempo a formarte una opinión sólida sobre una empresa. Entonces no tiene sentido sustituir una opinión que tanto te ha costado formarte sobre una empresa concreta por una suposición desinformada sobre la economía. Confía en tu criterio.

A Buffett le gusta hacer repaso de todos los grandes acontecimientos que han tenido lugar desde que empezó su carrera como inversor: la profunda implicación de Estados Unidos en la guerra de Vietnam, la imposición de controles salariales y de precios por un presidente republicano conservador, la dimisión del mismo presidente, las múltiples crisis del petróleo, el colapso de la Unión Soviética, una caída de 508 puntos del Dow Jones en un solo día, la subida de un tipo de interés preferencial cercano al 20% o los rendimientos de las letras del Tesoro entre el 2,8% y el 17,4%. Nadie, dice Buffett, tenía una bola de cristal lo suficientemente buena para prever todo aquello. Y nada de eso influyó en su forma de invertir.

De hecho, como él mismo afirma, algunas de sus mejores compras se produjeron tras hechos que ahuyentaron a otros inversores del mercado. Incluso después de los horribles acontecimientos del 11 de septiembre de 2001, Buffett no vendió ninguna acción, sino que hizo saber que compraría acciones si los precios del mercado caían significativamente. Fue una *rara avis* en aquellos trágicos días, pero resultó ser una postura acertada. También predice que en las próximas décadas habrá catástrofes —naturales o de otro tipo—, pero no ve razón alguna para dejar de comprar acciones de «empresas de primera categoría» cuando surja la oportunidad.

Para ver las oportunidades de inversión con las «gafas de Buffett», no olvides lo siguiente:

No pretendas ir de economista. Tu trabajo como inversor no es analizar todas las cifras que se publican. Por regla general, no debes dejar que tus decisiones de inversión se vean influidas por factores macroeconómicos y acontecimientos políticos.

Que no cunda el pánico. Buffett no es un ingenuo. Sabe bien que vivimos en una época diferente después de los acontecimientos del 11 de septiembre de 2001 de Nueva York y los del 11 de marzo de 2004 en España y la pandemia de 2020. Entiende que algunos acontecimientos, como el terrorismo y la guerra, pueden afectar a los precios de las acciones a corto plazo. Pero no se deja llevar por el pánico. En las semanas y meses siguientes al 11 de septiembre de 2001, los mercados financieros sufrieron un importante revés. Pero, tres años después, el S&P 500 registraba nuevos máximos plurianuales. Si hubieras sucumbido a las circunstancias en ese momento — muchos inversores lo hicieron—, habrías abandonado el mercado en el peor momento para hacerlo. ¡Que no cunda el pánico!

Los acontecimientos macroeconómicos pueden crear oportunidades. Aunque no debes centrarte en la macroeconomía, no pierdas de vista las oportunidades que pueden brindar algunos hechos. De vez en cuando, algo externo, propio de la macroeconomía, tendrá un efecto directo en la microeconomía, es decir, en el precio de las acciones. Por tanto, debes estar atento para saber cuándo cae el precio de una acción por un acontecimiento externo.

Según admite Buffett, es posible imaginar un cataclismo tan terrible como para que los mercados se desplomaran y no se recuperaran, como el uso de armas de destrucción masiva por parte de terroristas. Pero, aparte de un caso tan extremo como este, los hechos externos a los negocios no importan y, de todos modos, no se pueden predecir. Concéntrate en lo que sí puedes saber: cómo funciona un buen negocio.

14

Examina de cerca la gestión

El análisis comienza –y a veces termina–
con una pregunta clave: «¿Quién manda
aquí?».

Warren Buffett busca grandes empresas con una muy buena gestión. Como ya se ha apuntado antes, no invierte hasta que se dan ambos factores. Por lo tanto, como inversor, es muy importante que evalúes de cerca al equipo directivo de cualquier empresa en la que estés pensando invertir.

Hay varias preguntas clave que debes plantearte a la hora de hacerlo:

1. ¿El equipo directivo trabaja para los accionistas o para enriquecerse a costa de ellos (por ejemplo, con sueldos excesivos, primas o cualquier tipo de prebendas)?

2. ¿La dirección es comedida en gastos o tiende al derroche?

3. ¿El equipo directivo se esfuerza por mejorar el valor para el accionista y por asignar de manera racional el capital?

4. ¿La dirección recompra acciones en beneficio de quienes invierten en la empresa y evita emitir otras nuevas que reduzcan el valor de lo adquirido por los inversores?

5. ¿Se trata a los accionistas como socios o como chivos expiatorios?

6. ¿El informe anual de la empresa es veraz y directo, o escueto?

7. ¿Te parece que la dirección lleva una contabilidad honesta o que oculta información y encubre los verdaderos resultados?

Al fin y al cabo, ¿qué se escondía detrás de las historias de Enron, WorldCom y HealthSouth? Básicamente, caos y destrucción de valor cuando los directivos anteponen sus propios intereses a los de la empresa y los accionistas. Son los peligros que suponen para los accionistas los ejecutivos incompetentes. O, para decirlo de un modo más positivo, todo giraba en torno a la falta de un liderazgo *ético y competente*. Cuando Buffett hace una inversión, «entra en el negocio con los líderes de esa empresa». Expresado así, no tienes más remedio que asociarte con personas en las que confías y a las que admiras.

Un negocio puede resultar mal con una persona adecuada, pero —dice Buffett— no se puede hacer un buen negocio con una mala persona. ¿Para qué intentarlo siquiera? Tu propia reputación puede verse afectada y la inversión que hayas hecho correrá un riesgo innecesario. Deja tu dinero a personas de confianza.

En 2003, Buffett se llevó a casa un pago, a modo de salario de Berkshire Hathaway, de cien mil dólares. Ese mismo año, la remuneración media de un consejero delegado (salario base más primas) ascendía a más de dos millones de dólares. Y eso sin hablar de opciones sobre acciones u otros tipos de prebendas propias de los ejecutivos. La mayoría de los consejeros delegados disfrutaban de muchos de estos beneficios; Buffett no. De hecho, el 99,9 % de su riqueza está en las acciones de su empresa.

¿Cuál es el resultado de todo esto? Pues que Buffett solo gana dinero cuando sus accionistas lo ganan. Los trata como socios y en cada decisión que toma tiene siempre en mente al accionista. Por ejemplo, como la emisión de nuevas acciones reduce el valor de las participaciones de los inversores, Buffett solo lo hace a regañadientes y en contadas ocasiones. Cuando tomó el control de Berkshire Hathaway en 1965, había 1.137.778 acciones en circulación. Cuarenta años después, sorprendentemente, el número de acciones de Berkshire Hathaway en circulación es inferior a 1,4 millones. En Berkshire Hathaway, la contención y la conciencia acerca de los costes forman parte de la cultura empresarial.

Charlie Munger dice: «La opulencia de la sede central suele estar relacionada de manera inversamente proporcional con la posición financiera de la empresa». La sede corporativa de Berkshire Hathaway en Omaha es poco llamativa y escasamente glamurosa (por decirlo con palabras amables). Si buscas encontrar caras oficinas rehabilitadas, no te molestes en hacerlo en el rincón de Buffett en

Omaha. En cambio, si lo que buscas es sustancia financiera y buenas cifras, estás en el lugar adecuado.

Sam Walton, el fundador de Walmart, era famoso por su contención y falta de ostentación empresarial. Este es el tipo de gestor que Buffett adora y con el que quiere asociarse. Busca directivos más interesados en recortar gastos que en instalar grifos chapados en oro en el cuarto de baño de los ejecutivos (o cortinas de ducha de seis mil dólares, como reconoció haber comprado un infame consejero delegado).

Así que la calidad de la gestión es muy importante para Buffett. Pero una buena gestión debe ir unida a un buen negocio. Puedes ser el mejor jinete del mundo, advierte Buffett, pero no puedes ganar la carrera montado en un poni. Afirmar lo contrario es un cuento de hadas y los cuentos de hadas no son la base de las buenas inversiones.

Evita invertir en empresas deficientes, aunque tengan una gran gestión. En última instancia, la calidad de la empresa saldrá a flote y hundirá la inversión que hayas hecho.

Buffett hace una serie de advertencias a los inversores a la hora de evaluar las empresas y su gestión, especialmente en los informes anuales. En primer lugar, analiza la contabilidad. Si te parece deficiente es que no te interesa. Si la empresa no contabiliza los gastos de las opciones sobre las acciones, presenta escenarios fantasiosos sobre las pensiones, alardea de sus beneficios sin tener en cuenta los intereses, impuestos, depreciaciones y amortizaciones, y recurre a una maraña de notas a pie de página ininteligibles, todo esto es mala señal. Supongamos que tienes cierta capacidad para interpretar datos sobre el estado financiero. En este caso, si no puedes entender algo de lo que se incluye en el estado financiero de una empresa es porque el equipo directivo no quiere que lo entiendas. ¿Quieres tener un socio que te oculte cosas? Desde luego que no.

Además, Buffett recomienda a los inversores que desconfíen de las empresas que miran exclusivamente al futuro para sus «buenas noticias». ¿Estas buenas noticias se refieren únicamente a previsiones de beneficios y expectativas de crecimiento? Mala señal, dice Buffett. Lo asegura basándose en parte en su propia experiencia como consejero delegado. Los altos directivos de Berkshire Hathaway no tienen una idea clara de lo que ganará cualquiera de sus empresas el año que viene, ni siquiera el trimestre siguiente. Cuando un ejecutivo afirma conocer el futuro, advierte Buffett, es una mala señal. Y, cuando un ejecutivo realmente alcanza esas cifras trimestre tras trimestre, otra mala señal. Esto quiere decir que algo se está manipulando en alguna parte. Quien hace los números en una empresa puede inventárselos, lo que a la larga no hará sino crear todo tipo de problemas e infelicidad. Esto fue lo que hizo HealthSouth cuando su consejero delegado se jactó de haber superado en cuarenta y seis trimestres consecutivos las expectativas de beneficios de los analistas antes de que finalmente se descubriera el fraude.

Las malas señales visibles son los mejores indicadores de las malas señales subyacentes. Una cocina sucia, dice Buffett, rara vez tiene una sola cucaracha. Basta con ver una para saber que hay más al acecho. Si crees que están ahí, probablemente lo estén.

La compañía Enron mostró muchas de estas señales de alerta —la dirección acabó desplumando a millones de accionistas—, por lo que hay que examinar la calidad de la dirección para evitar los daños que puede causar un lide-razgo incompetente, poco ético y codicioso.

Para evitar este tipo de desastres y aumentar las posi-bilidades de éxito de las inversiones que hagas, sigue los siguientes consejos:

Evalúa al equipo directivo antes de invertir. La calidad de la gestión es casi tan importante como la cali-dad del negocio. Buffett solo hace negocios con personas que siguen determinados principios éticos y que le caen bien. Nunca ha participado en una empresa con una ges-tión de ética dudosa.

Busca empresas que velen por los accionistas. Invierte en empresas cuya dirección anteponga las necesi-dades de los accionistas a las suyas propias. Busca com-pañías que apliquen planes de recompra de acciones en beneficio de los accionistas y empresas con un historial de contención y asignación racional del capital.

Evita invertir en cualquier empresa con un histo-rial de prácticas financieras o contables que dejen que desear. Una contabilidad deficiente suele significar que la dirección intenta ocultar unos malos resultados.

Si la dirección insiste en aparentar rendimiento más que en abordar la sustancia del rendimiento, guárdate la cartera en el bolsillo, recomienda Buffett.

15

El rey en Wall Street no lleva ropa

Wall Street, dice Warren Buffett, es el único lugar al que la gente acude en Rolls Royce para pedirles consejo a quienes toman el metro.

Si dieras un paseo conceptual por Wall Street, es decir, si tomaras notas de las distintas ideas que por allí se cuecen, te sorprendería la cantidad de herramientas de selección de valores entre las que elegir. Aquello impresiona a cualquiera: análisis técnico, sincronización del mercado, negociación intradía, teorías de ondas, osciladores para el *trading*, etc. Todos son ejemplos de métodos que, según los inversores, ayudan a descifrar el mercado de valores y, supuestamente, a tener éxito. Todos son ejemplos de métodos bien publicitados que prometen a los inversores cómo desentrañar el mercado bursátil para, en teoría, lograr ganar dinero como inversor.

¿De dónde proceden todas estas técnicas? Principalmente de dos fuentes: académicas y del mundo financiero profesional, casi todas ellas precedidas de impresionantes cre-

denciales. Y los conceptos que manejan parecen tener bas
tante contenido, al menos a primera vista. Es el caso, por
ejemplo, del «análisis técnico». Las personas que se dedican a este misterioso oficio se centran casi exclusivamente
en los datos del mercado. Se fijan en las tendencias de los
precios, el volumen de negociación y la forma de los gráficos, que muestran la evolución de los precios de las acciones, basándose en la teoría de que (1) el precio representa todo lo que hay que saber sobre una acción deter
minada y que (2) un individuo no versado en tales conocimientos no puede superar ese nivel de sabiduría.

¿Esta es una buena teoría? No, si eres de los que piensan como Buffett. En una ocasión, un analista técnico resu-
mió el comportamiento del mercado bursátil a lo largo
de un día cualquiera de la siguiente manera: «Fue un día de
bonificación para los operadores, ya que los principales
índices se vieron modificados a tenor de un revulsivo de tendencia bajista que ha seguido el patrón básico (de tipo
flip-top) propio de una estrategia de primera hora. La subida de los precios con un volumen decreciente a finales
de mes y la acción sobre los precios el lunes con el au-
mento de la alerta terrorista hicieron que los índices fueran vulnerables a una burbuja bursátil. El volumen de la
Bolsa de Nueva York fue de solo mil cuatrocientos millones. El retroceso de 0,50 entre el máximo del mercado alcista de 45,78 y el mínimo de 17,32 del día 10 es de 31,55
y el precio ha marcado ahora un rango de 17 días en esta
zona de retroceso».

¿Has entendido algo? Si la respuesta es que no, no te
sientas mal. ¿Crees que el mejor inversor del mundo,
Warren Buffett, presta atención a semejante galimatías?
Por supuesto que no. Como inversor potencial, te verás
continuamente bombardeado por diversas estrategias de in-

versión basadas en gráficos, volumen y movimientos de precios. Te verás sumido en oportunidades para crear riqueza instantánea. Si quieres escucharlas, enciende el televisor a las tres de la mañana.

Por ejemplo, fíjate en estas tentadoras ofertas: «¡Descubra un sistema de inversión bursátil que produce beneficios de dos dígitos en casi todas las operaciones! Opere directamente a partir de los gráficos del mercado de valores», «Un nuevo y revolucionario sistema [...] le proporciona entre un 34 % y un 45 % de beneficios en solo una semana», y así sucesivamente.

Afortunadamente, un hombre ha dado un paso al frente y ha declarado lo que debería ser obvio: «¡El rey no lleva ropa!». Warren Buffett considera que los análisis de inversión basados únicamente en gráficos, volumen y movimientos de precios no son más que sandeces.

El análisis técnico va prácticamente en contra del marco conceptual de Buffett para sus inversiones. El análisis técnico consiste en centrarse en el volumen, los gráficos y los movimientos de precios a la hora de seleccionar valores. En cambio, Buffett se centra en el valor de la empresa.

Por supuesto, los defensores del análisis técnico tienen ejemplos que demuestran el poder de su modelo. Y, por supuesto, seguro que hay casos aislados en los que los inversores han ganado mucho dinero rápidamente gracias a él. Pero no conozco a ningún profesional del análisis técnico que haya creado cuarenta y cuatro mil millones de dólares en ganancias. Entonces, ¿a quién prefieres creer? Animo a los posibles inversores interesados en el éxito de las inversiones a largo plazo a que lean el artículo de Warren Buffett «Los superinversores de Graham y Doddsville», que aparece en el libro de Ben Graham, *El inversor inteli-*

gente. Este artículo analiza el éxito de un grupo de inversores de valor que estudiaron con Benjamin Graham y David Dodd, y que han superado sistemáticamente al índice bursátil S&P 500 año tras año.

Esos inversores, informa Buffett, buscan discrepancias entre (1) el valor de una empresa y (2) el precio de las acciones o pequeñas partes de la empresa que se venden en el mercado. Es casi exactamente lo contrario del análisis técnico, con su obsesiva concentración en modelos, patrones, datos, etc. Los inversores inteligentes, subraya Buffett, son inversores orientados al valor.

La inversión en valor no es una labor muy atrayente. No es glamurosa, ni siquiera especialmente desafiante desde un punto de vista intelectual. De hecho, tiende a ser lenta, pesada e incluso un poco aburrida: más tortuga que liebre. Como tal, no proporciona ninguna de las emociones que tanto gustan a los inquietos operadores. Y no ofrece garantías de éxito, como suelen hacer los adictos a los gráficos.

Pero los resultados obtenidos por Buffett y los demás inversores de Graham y Dodd hablan por sí solos. La inversión en valor proporciona un marco intelectual de probada eficacia. En pocas palabras, invertir como Buffett exige hacer caso omiso de aquello que no tiene sentido. Ignora las estrategias de inversión complicadas y de moda que te dicen poco o nada sobre el negocio que hay detrás de las compañías en las que inviertes.

He aquí tres recomendaciones que puedes seguir para comprender qué es lo más importante a la hora de tomar decisiones de inversión:

No hagas caso de los gráficos. A un inversor en valor no deben preocuparle estas representaciones. Buffett aboga firmemente por no guiarse por los gráficos de las acciones a la hora de tomar decisiones de inversión. Ignora a los adictos a los gráficos que afirman tener éxito en la selección de valores basándose en el volumen y el historial de precios.

Si alguien te asegura que tiene un método infalible para hacerse rico en bolsa, sal corriendo. Recuerda que la clave para invertir es la paciencia y la disciplina.

Invierte como Benjamin Graham. Graham decía a los inversores que «buscaran discrepancias entre el valor de una empresa y el precio de las pequeñas partes de esa empresa en el mercado». Esta es la clave de la inversión en valor, labor mucho más productiva que estudiar cientos de gráficos bursátiles.

Los contratos de la mayoría de los fondos de inversión dicen —en letra pequeña— que el rendimiento pasado no es garantía de éxito futuro. Buffett dice lo mismo del mercado: si la historia revelara el camino a la riqueza, los ratones de biblioteca serían ricos.

16

Piensa de manera independiente

A la hora de invertir, hay que dar rienda
suelta a las propias ideas.

E l pensamiento independiente es una de las mayores fortalezas de Warren Buffett y él lo recomienda al resto de la gente. Puede sonar a perogrullada.
Por supuesto que cualquiera debe pensar por sí mismo,
¿verdad? Pero muchos de nosotros no lo hacemos, sino
que basamos muchas de nuestras opiniones principalmente en lo que piensan los demás. Esto no es el pensamiento
independiente; de hecho, se parece más a una especie de labor de imitación. Como ha alcanzado un estatus de persona conocida y muy respetada, Buffett es objeto de atención
por parte de mucha gente y, por extensión, de muchos elo-
gios y críticas en respuesta a sus decisiones de inversión.
Pero su trabajo no depende de la validación de los demás
para tomar esas decisiones. Es inmune a sus aplausos cuando lo alaban y no se siente incómodo ignorándolos cuando lo
critican.

Buffett aprendió una lección muy importante de Ben
Graham: «No llevas razón ni te equivocas solo por el hecho
de que la gente esté de acuerdo contigo. Tienes razón porque tus hechos y tu razonamiento son correctos». El que

mucha gente o gente importante esté de acuerdo o en desacuerdo contigo no te hace llevar la razón o estar equivocado; solo el pensamiento informado y basado en hechos te hace tener razón. Este es el núcleo del pensamiento independiente: hacer uso de los hechos y del razonamiento para llegar a una conclusión y luego mantenerse ahí independientemente de si la gente está o no de acuerdo contigo.

Un vistazo a la burbuja de internet muestra el valor del pensamiento independiente e ilustra cómo el pensamiento basado en hechos y razonamientos es muy superior al basado en la opinión pública dominante. La gran burbuja tecnológica fue un periodo asombroso de la historia reciente de los mercados bursátiles. En aquellos tiempos embriagadores, el nacimiento de una nueva y apasionante industria (y de varias derivadas) generó cientos de empresas y creó miles de nuevos millonarios.

Una de las consecuencias más notables de la aparición de esas empresas relacionadas con internet y la alta tecnología fue, por supuesto, la meteórica subida de sus cotizaciones bursátiles y su capitalización. Algunas de estas empresas, con solo uno o dos años de vida, valían más que compañías mucho más consolidadas. Por ejemplo, EToys. com alcanzó los ochenta y seis dólares por acción y un capital de diez mil millones de dólares. La capitalización máxima de Webvan.com fue de siete mil quinientos millones de dólares.

Ni que decir tiene que millones de inversores disfrutaban de enormes ganancias gracias al dinero que habían invertido en alta tecnología. La gente se hacía rica, y lo conseguía rápidamente. Por ironías de la vida, a Berkshire Hathaway no le iba tan bien durante ese mismo periodo y el precio de sus acciones lo reflejaba. A pesar de las enormes ganancias de las empresas de alta tecnología, Buffett se negó a comprar una sola acción de internet o a participar de alguna manera en esta nueva fiebre del oro.

> Mantente alejado de las manadas desbocadas. Si no lo haces, tú y tus inversiones podríais veros bajo la estampida.

En consecuencia, Buffett se llevó la peor parte. Los expertos lo ridiculizaron y los accionistas lo criticaron. Los medios de comunicación hicieron su agosto cuestionando la capacidad del «gran inversor». El semanario financiero *Barron's* escribió el 27 de diciembre de 1999 un artículo cuyo titular rezaba así: «¿Qué pasa con Warren? Warren Buffett, el inversor más famoso de Estados Unidos, ha tenido un mal tropiezo este año. ¿Se recuperará su empresa, Berkshire Hathaway?».

Otras publicaciones hicieron lo propio: «Una leyenda de tres décadas pierde algo de brillo», «¿Está Buffett acabado?» o «La fobia a la tecnología puede acabar con Buffett». Muchos opinaban que debía invertir en valores de alta tecnología y no entendían cómo podía dejar pasar tales oportunidades. Pero, a pesar de la censura pública —incluso la ridiculización—, se mantuvo firme y no cedió.

Los hechos y el razonamiento de Buffett eran claros: no entendía los negocios de internet y, por tanto, se mantuvo alejado de ellos. No tenía ni idea de cuál de aquellas empresas de alta tecnología tendría una ventaja competitiva a largo plazo ni de cómo se comportarían en un plazo de diez años. También creía que la irracionalidad del mercado era responsable de muchos de los precios de las acciones de alta tecnología. En su opinión, estos los fijan las personas más codiciosas, más pasionales o más afectadas emocionalmente, es decir, las personas ajenas a la realidad a largo plazo. El resultado de todo esto lleva a precios de acciones «disparatados».

Basándose en este razonamiento, Buffett decidió no invertir en ninguna de estas empresas, a pesar de que millones de inversores se lanzaron en tromba a comprar sus acciones. Buffett pensaba que llevaba razón porque los hechos que tenía en cuenta y su razonamiento eran correctos; no pensaba que estuviera equivocado simplemente porque casi todo el mundo estuviera en desacuerdo con él. Su pensamiento independiente prevaleció más tarde, cuando estalló la gran burbuja y se desplomaron las acciones de alta tecnología.

La mayoría de las empresas de internet quebraron y el Nasdaq, un mercado de gran peso tecnológico, experimentó una pérdida de valor de más del 75 %. Cientos de miles de millones de dólares se esfumaron. ¿Qué habría ocurrido si Buffett hubiera seguido la opinión pública y se hubiera unido al rebaño de internet? La imitación irreflexiva de lo que hacen los demás le habría costado caro.

Basándose en experiencias como esta, algunos inversores afirman que una estrategia de inversión contraria —en el sentido de «a la mayoría»— es superior a la que consiste en seguir a la multitud. Pero, de nuevo, Buffett no está de acuerdo. Si el rebaño hace lo incorrecto, ir en la dirección opuesta puede no ser siempre lo mejor. En su opinión, esto implicaría invertir basándose solo en datos y no en pensar, y cualquier estrategia de inversión basada solo en datos y no en la reflexión es una mala estrategia.

De lo que se trata es de pensar con claridad y de manera independiente. Porque hay mucho en juego. A Buffett le gusta citar al filósofo Bertrand Russell: «La mayoría de las personas preferirían morir antes que pensar. Muchos lo hacen».

La lección que hay que aprender de Buffett es que hay que basarse en los hechos y en el razonamiento a la hora de tomar decisiones de inversión. No tomes una decisión solo porque es lo popular o lo contrario a lo que hace todo el mundo.

Nunca relegues el pensamiento independiente y te dejes llevar por lo que hace la mayoría. No sigas al rebaño. Toma tus propias decisiones de inversión. No te dejes engañar por los demás ni tomes una decisión solo porque está de moda.

Haz del pensamiento independiente uno de los mayores activos de tu cartera. Según Buffett, no basta con ser inteligente. Muchas personas con un alto coeficiente intelectual son víctimas de la mentalidad de rebaño. El pensamiento independiente es uno de los puntos fuertes de Buffett. Haz que también sea el tuyo.

No seas un inversor a contracorriente y sin sentido. Buffett cree que hacer cualquier cosa sin pensar es un error. También lo es no seguir al rebaño e ir en contra sin pensar en por qué se ha tomado tal decisión. Este camino también conduce a lugares peligrosos.

Reúne todos los datos que necesites y tómate tiempo para pensar, aconseja Buffett. ¡Es la única forma de hacerlo!

17

Mantente dentro de tu círculo de competencias

Desarrolla un área de especialización, actúa dentro de sus límites y no te castigues por perder oportunidades fuera de ella.

A la hora de elegir en qué empresas invertir, Warren Buffett se guía por lo que él llama su «círculo de competencia». Este incluye solo aquellas acciones y ámbitos en los que se siente más cómodo participando.

Como ya se ha señalado, Buffett no invirtió en las empresas de alta tecnología durante el *boom* de la alta tecnología. ¿Por qué? Porque estaban fuera de su círculo de competencia. Y muchas compañías, subraya Buffett, quedan fuera de ese círculo. Él y su socio, Charlie Munger, no se consideran expertos en chips informáticos, en la evaluación del futuro de las materias primas o en el potencial de las perspectivas mineras. No se dedican a eso.

No se consideran expertos en empresas o sectores en rápida evolución. En sus declaraciones públicas, Buffett admite que puede haber gente que haya adquirido algún tipo de capacidad de predicción que le ayude a descifrar las perspectivas a largo plazo de este tipo de empresas de tan rápido crecimiento, pero sabe que él no posee esa capacidad. Y, a falta de ella, reconoce que simplemente tiene que atenerse a lo que sabe.

Buffett es muy disciplinado con su círculo de competencia. Jamás hace inversiones fuera de él. Y resiste la tentación de ampliarlo. De hecho, considera que su círculo de competencia no abarca demasiado. Lo importante es saber dónde están los límites y mantenerse dentro. Si se sale, las posibilidades de cometer errores de inversión aumentan exponencialmente. ¿Ves algo —nuevo, emocionante— fuera de tu círculo hacia lo que la manada se dirige en estampida? Mejor mantente ajeno.

Todos los años desde 1982 Buffett publica un anuncio de «Se buscan empresas» en sus informes anuales en el que da a conocer el tipo de empresas que le gustaría comprar. En concreto, busca:

1. Grandes compañías, de al menos cincuenta millones de dólares de ingresos sin contar los impuestos.

2. Empresas que hayan demostrado una capacidad de generar beneficios constante; no le interesan las proyecciones optimistas de beneficios futuros.

3. Empresas que obtienen un buen rendimiento de sus fondos propios, con poca o ninguna deuda.

4. Empresas con una gestión sólida.

5. Empresas sencillas, esto es, que no estén vinculadas a la alta tecnología.

6. Acciones a buen precio (una empresa que no demuestra honestidad a la hora de facilitar los precios no le interesa).

Este anuncio es de especial interés porque describe específicamente el círculo de competencia de Buffett, el ámbito empresarial en el que se siente más cómodo tomando decisiones de inversión. Se trata, en efecto, de su lista de comprobación para determinar si una inversión se encuentra o no dentro de su círculo.

Aunque no entienda de microchips, nanotecnología ni gigabytes, Buffett sí entiende de botas de vaquero, ladrillos, moquetas o pintura. Una mirada al año 2000 muestra a Buffett trabajando en su círculo. Compró Justin Industries, uno de los principales fabricantes de botas de vaquero, y Acme, un fabricante de ladrillos de Texas.

¿Ladrillos? ¿Acaso puede ser interesante este sector? Pues sí, bastante interesante, responde Buffett, si es la empresa adecuada. Cuando en Texas, Estados Unidos, se le pide a la gente que nombre a un fabricante de ladrillos, continúa Buffett, tres de cada cuatro responden: «Acme». La empresa fabrica mil millones de ladrillos al año, es decir, cerca del 12 % de todos los que se producen anualmente en el país. El mismo año que compró Acme, Buffett también adquirió (por mil millones de dólares) la Benjamin Moore Paint Company, que lleva ciento diecisiete años fabricando pintura. Y, por último, también compró el 87 % del mayor fabricante de alfombras del mundo, Shaw Industries.

Botas, ladrillos, alfombras y pintura: puede que no suene emocionante, pero su capacidad de generar beneficios sí lo es. Tres años después de adquirirlas, Acme Brick, Benjamin Moore Paint y Shaw Industries registraron beneficios récord. ¿Qué lección debemos aprender de esto? Pues que uno se debe mantener dentro de tu círculo de competencia. Actúa conforme a lo que sabes. Si lo haces, estarás más capacitado para actuar con rapidez y tendrás más probabilidades de actuar a lo grande. Aferrándose firmemente a este principio, Buffett ha aumentado el valor contable de Berkshire Hathaway de 19,46 dólares por acción en 1965 a más de cincuenta mil dólares en 2005. No hay parangón de semejante logro. Como inversor, tienes que definir con detalle tu círculo de competencia. Por extensión, también tienes que definir lo que queda fuera de él. Las ofertas públicas de venta (OPV), la venta en corto de acciones, los fondos de inversión, los futuros, las acciones de escaso valor (*penny stocks*) o las opciones: ¿comprendes todo esto? ¿Puedes evaluar con éxito su rentabilidad futura? Si no es así, entonces queda claro que están fuera de tu círculo de competencia, por lo que no deberías involucrarte en estos negocios.

A Charlie Munger le gusta recurrir a la analogía de las tres cestas en el escritorio. Imagina que tienes tres cestas con sendos carteles: «Dentro», «Fuera» y «Demasiado difícil». Munger dice que él y Buffett ponen un gran porcentaje de todas las oportunidades de inversión que se les presentan en la tercera cesta.

La lección de esto es que debes invertir solo cuando se cumplan las condiciones que te hayas marcado, como hace Buffett.

No te aventures fuera de tu círculo. Pon la mayoría de las oportunidades en el cesto de «Demasiado difícil», actúa solo cuando te sientas competente y no dudes en hacerlo con contundencia llegado el momento.

He aquí tres reglas que debes seguir a la hora de componer tu cartera de inversiones:

Anota los sectores y empresas con los que te sientes más cómodo. Esto te ayudará a definir bien tu círculo de competencia. Si Buffett no se aventura fuera de su círculo, tampoco deberías hacerlo tú.

No hagas excepciones a la regla del círculo de competencia. Antes de hacer una excepción a la regla del círculo de competencia, siéntate y piensa: ¿por qué arriesgar tu dinero en cosas que no entiendes o no puedes evaluar de manera adecuada? Sé lo bastante disciplinado como para no hacer excepciones a esta regla.

Juega tu juego, no el de otros. El ejemplo que Buffett cita como ilustración es el futuro de la soja. Buffett reconoce que le parece perfecto si alguien hace un buen negocio en el mercado de la soja, pero no es el suyo. Cíñete a tu propio juego.

Si puedes descartar el 90 % de las empresas por ser ajenas a tu círculo de competencia, es probable que inviertas mucho mejor en el 10 % restante.

18

No hagas caso
de las previsiones bursátiles

Las previsiones a corto plazo sobre el
precio de las acciones o los bonos son
de escasa utilidad, afirma Warren Buffett.
Dicen más sobre quienes las hacen que
sobre el futuro.

Ben Graham, el escritor favorito de Buffett en lo que a inversiones se refiere, observó una vez con perplejidad cómo tantos profesionales de la inversión —corredores de bolsa, asesores de inversión, consejeros financieros y similares— ponían un desmesurado énfasis en las previsiones del mercado. Warren Buffett comparte esa perplejidad, a la que alude con cierto desdén. Compara las previsiones de mercado a corto plazo con una especie de veneno y sugiere a quienes se acercan al mercado como niños ante una golosina que se mantengan alejados de ellas.

Buffett prefiere centrarse exclusivamente en los resultados de la empresa y no dejarse distraer por tendencias más vagas que considera imposibles de predecir con exactitud. Si se topa con un artículo que pretende predecir el futuro, aunque sea de un economista distinguido en una publicación reputada, se lo salta. ¿Por qué perder el tiempo con adivinanzas? Es tiempo que podría dedicarse a analizar un negocio.

Charlie Munger compara la obsesión por las previsiones de mercado con las antiguas técnicas de adivinación. Los reyes, señala, solían contratar a personas para interpretar las entrañas de ovejas sacrificadas. Los pronosticadores de hoy, afirma, no son mejores que aquellos magos que *leían* las tripas de las ovejas.

Como ya se ha señalado, Buffett prefiere dedicar el tiempo a analizar cosas que se puedan descifrar, como un negocio que esté dentro de su círculo de competencia. Los mercados bursátiles son un misterio para Buffett, y no solo para él. Sí, siempre hay alguna forma de previsión en la palestra, a menudo con un nombre respetable asociado. Todo esto no importa: una parte clave del éxito de Buffett es su capacidad para ignorar esas previsiones y tomarlas como lo que son, meras distracciones.

Las distracciones solo pueden inhibir la acción y nublar el juicio. ¿Por qué? En parte, porque crean una ilusión de precisión. Dan la impresión de basarse en datos y, de hecho, sus análisis parecen surgir directamente de los datos. Pero todo esto es falso, dice Buffett; de hecho, cuanto más precisa parece ser una previsión, más escéptico hay que mostrarse. Una vez más, la cuestión es fijarse en resultados probados y no en proyecciones ni predicciones. No dejes que los pronósticos desvíen tu atención; céntrate en lo que es realmente importante. Dedica el tiempo a analizar los resultados pasados y presentes de una empresa para hacerte una mejor idea de su futuro. Busca esa oportunidad prometedora sin dejar que las previsiones se interpongan en tus decisiones.

Buffett compró acciones de National Indemnity en 1967, de See's Candies en 1972, de *Buffalo News* en 1977, de Nebraska Furniture Mart en 1983 y de Scott Fetzer en 1986. ¿Por qué esos años? Porque fue entonces cuando estaban disponibles. ¿Por qué esas empresas en concreto? Porque, además de estar disponibles, superaron el cuidadoso escrutinio de Buffett y porque el precio era el adecuado. ¿En qué medida las tendencias generales —la fortaleza de la economía nacional, la dirección del Dow Jones, las declaraciones del presidente de la Reserva Federal— entraron en esos cálculos? Si se le toma la palabra a Buffett —y no hay razón para no hacerlo— la respuesta es esta: «En absolutamente nada». Las predicciones sobre el futuro sencillamente no formaban parte de la ecuación cuando tomaba la decisión de invertir o no.

Algunos inversores creen que las previsiones aclaran el futuro y que la próxima será la definitiva para sus inversiones. Tonterías, sostiene Buffett; el futuro siempre es oscuro. Esperar a que el futuro se aclare —ya sea mediante las previsiones de mercado u otras supuestas herramientas— llevaría a esperar para siempre. No esperes a tener certezas, aconseja Buffett; invertir consiste en actuar una vez que se ha detectado un buen negocio, guiado por una buena gestión. No te dejes engatusar por adivinos. Localiza el objetivo y dispara.

Tampoco te dejes llevar por la emoción. Aunque las previsiones parezcan cualquier cosa menos emocionante, empapadas como están de datos y cifras, confiar en ellas es un acto por completo emocional. Permanece en el ámbito de lo observable y comprensible. Así que no hagas conjeturas, sino juicios informados.

En resumen, he aquí tres consejos sobre cómo manejar las previsiones a la manera de Buffett:

Deja de lado las previsiones en tus decisiones de inversión. Buffett no presta atención a las previsiones bursátiles a corto plazo; tú tampoco deberías.

Dedica el tiempo que pasas atendiendo a previsiones a analizar la trayectoria de una empresa. A todos nos gustaría saber qué nos depara el futuro, pero no podemos. Nadie tiene una bola de cristal que funcione; el futuro nunca es algo seguro. Concéntrate en lo conocido y no te preocupes por lo desconocido.

Desarrolla una estrategia de inversión que no dependa de la tendencia general del mercado. Recuerda que Warren Buffett, el mejor inversor del mundo, confiesa que no puede predecir el movimiento de los mercados. Lo más probable es que tú tampoco puedas hacerlo. Céntrate en reunir una cartera formada por empresas sólidas y con probabilidades de éxito independientemente del devenir del mercado.

Cuanto más volátiles o especulativos son los mercados, más probable es que la gente recurra a las previsiones en busca de ayuda. Pero es entonces cuando estas tienen menos posibilidades de acertar. Cuanto más preciso afirme ser alguien en un mercado volátil, más escéptico deberás mostrarte ante lo que diga.

19

El señor Mercado y el margen de seguridad

¿Cómo debe ser un buen inversor? Según Warren Buffett, debe ser alguien que combina el buen juicio en el ámbito empresarial con la capacidad de ignorar los vaivenes del mercado. Cuando las emociones empiecen a hacer acto de presencia, dice Buffett, recuerda el concepto del «señor Mercado», de Ben Graham, y busca un margen de seguridad.

Warren Buffett estudió con Benjamin Graham en la Universidad de Columbia. Buffett fue, por cierto, el único estudiante en los veintidós años de enseñanza de Graham que obtuvo una matrícula de honor por parte de este último. Además, Graham le enseñó dos ideas muy importantes que aún hoy siguen vigentes. Una es la alegoría del «señor Mercado» y la segunda, que se debe contar siempre con un margen de seguridad en el precio de compra.

Estas dos ideas, junto con la de considerar las acciones como parte de la propiedad de una empresa, son los pilares fundamentales de Graham. Buffett considera que, si un inversor no olvida estas tres ideas básicas, estará en condiciones de obtener buenos resultados. Aludió a estos conceptos en el centenario del nacimiento de Graham, cuando afirmó que eran válidos entonces y que probablemente seguirán siéndolo dentro de un siglo.

¿Quién o qué es el «señor Mercado», que Ben Graham, el mentor de Buffett, concibió hace tantos años?

Buffett lo describe como un socio de negocios con problemas emocionales incurables que aparece todos los días, sin falta, y fija un precio al que te comprará o venderá su participación en el negocio.

El señor Mercado, según Buffett, es lo que antes se llamaba maníaco-depresivo y hoy se conoce como bipolar. Sus problemas psicológicos se inmiscuyen en los precios de las cotizaciones. Cuando se siente eufórico, lo ve todo de color de rosa y pone un precio alto a las participaciones. En realidad, cuando está así, no quiere venderte su participación porque teme que aceptes su precio, compres sus acciones y te beneficies tras una revalorización que él cree que está a la vuelta de la esquina.

Y luego está su lado oscuro. Cuando está deprimido, el señor Mercado solo ve problemas, tanto dentro como fuera de los negocios. En este estado de ánimo, tiene miedo de que te deshagas de tus participaciones y se las dejes en sus manos para cuando llegue la espiral descendente que se avecina. Por tanto, asigna un precio bajo a sus acciones y espera que tú te hagas con ellas.

El señor Mercado es muy persistente, explica Buffett. Se hace notar todos los días, no importa de qué humor esté. No parece importarle que lo ignores: volverá al día siguiente con una cotización. Todo lo que tienes que hacer es averiguar de qué humor está él y decidir qué vas a hacer al respecto. ¿No hacerle caso? ¿Prestarle atención? Una vez más, no parece importarle lo que finalmente decidas.

Pero la clave, dice Buffett parafraseando a Graham, es no caer nunca bajo su influencia, que a veces puede llegar a ser poderosa. Su pesimismo contagia a cualquiera. Su euforia puede ser embriagadora. Buffett dice que hay que averiguar de qué humor está y actuar en consecuencia, pero sin dejarse llevar por él.

El «señor Mercado» de Ben Graham es una metáfora que todo inversor en valor debería aplicarse para entender el funcionamiento de los precios del mercado bursátil. Ayuda a dar sentido a su locura. Y a ir en busca y descubrir las oportunidades. Como inversor, siempre debes estar preparado para aprovecharte del señor Mercado cuando está deprimido, pues los precios de las acciones caen. Esto significa que las buenas empresas están bajo el efecto de su enorme paraguas. Este es exactamente el momento de aprovechar una oportunidad que se presenta por el albur bursátil, ocasión ideal para hacer una gran inversión en una empresa porque se cree que su valor intrínseco es superior al precio que reflejan sus acciones.

Cuando el desplome bursátil de 1987 hizo caer el precio de Coca-Cola, Buffett aprovechó el pesimismo del señor Mercado, que entonces imponía un valor anormalmente bajo a un negocio que Buffett sabía sólido. Compró acciones de la empresa por valor de mil millones de dólares a un precio medio de unos 11 dólares por acción. Pensó que Coca-Cola era una gran franquicia y que en aquel momento el valor intrínseco de la compañía era mayor que el precio que reflejaba en bolsa. Era, explicó más tarde, la marca más poderosa del mundo. Sus productos son relativamente baratos y gustan a todo el mundo. El consumo per cápita tiende a aumentar año tras año en los países de todo el planeta. ¿El señor Mercado está deprimido con este valor? Excelente, dice Buffett, es hora de comprar. Es como los grandes almacenes que van a cerrar y todo está rebajado un 50%: es la gran oportunidad para comprar a un precio atractivo.

Después de incorporar el concepto del señor Mercado a la hora de afrontar las inversiones, también debes comprender la importancia del «margen de seguridad», otro de los principios de Ben Graham. En pocas palabras, contar con un margen de seguridad implica saber que el precio de las acciones es sustancialmente inferior al valor de la empresa. No conviene que el precio y el valor de la empresa estén próximos. Lo que se busca es un amplio margen entre ambas cifras: un «margen enorme», en palabras de Buffett. Una vez más, lo que pretendes es comprar comprar billetes de un dólar a cuarenta centavos en la bolsa. Buffett habla de conducir un camión de diez toneladas por un puente diseñado para soportar treinta toneladas.

Y aquí es donde la irracionalidad del señor Mercado juega a tu favor. Como se deprime mucho, los precios de las acciones caen precipitadamente. Esto te da la oportunidad de conseguir un margen de seguridad al comprar acciones. Con el tiempo, dice Buffett, el mercado reconocerá el valor verdadero y su precio subirá. Tarde o temprano, dice Buffett sin atisbo de duda, el valor real cuenta.

Una vez más, no dejes que el señor Mercado te absorba. No dejes que valore las empresas por ti, insiste Buffett. Es tu sirviente, no tu guía.

Buffett recomienda que evalúes el margen de seguridad teniendo en mente el concepto de «valor intrínseco» como punto de partida. Es lo que cuenta realmente. Este indicador determina el valor descontado del efectivo que puede extraerse de la empresa durante su vida restante.

Se trata, como Buffett es el primero en admitir, de una estimación «muy subjetiva». Los flujos de caja futuros se revisan al alza o a la baja, pero el valor intrínseco siempre está ahí. La variabilidad de los tipos de interés también afecta a cualquier cálculo del valor intrínseco. No obstante, según Buffett, sigue siendo el punto de partida más útil para comprender el potencial de una inversión en concreto.

Esta es otra razón por la que Buffett prefiere empresas fáciles de entender: comprende sus beneficios, el flujo de caja y el capital necesario para su funcionamiento; luego, utiliza esa información para analizar su valor intrínseco.

Así puede ver si hay una discrepancia significativa entre el precio y el valor.

¿Cuál es el objetivo de todo esto? Como hace Buffett, aprovechar los errores del señor Mercado cuando este asigna precios bajos a empresas que valen en realidad mucho más. Cuando el pesimismo de este personaje crea un margen de seguridad, es el momento de actuar.

Asegúrate de comprender los conceptos de Buffett sobre el señor Mercado y el margen de seguridad. Esto te ayudará a seguir el enfoque adecuado para tomar mejores decisiones de inversión.

Presta atención a las analogías de Buffett. Buffett ha comentado que, al igual que Dios, el mercado ayuda a los que se ayudan a sí mismos. Pero —añade a renglón seguido— el mercado no perdona a quienes «no saben lo que hacen».

Espera a que el señor Mercado se deprima y baje los precios de las acciones lo suficiente como para ofrecer una oportunidad de compra con margen de seguridad. Una vez más, el consejo de Buffett de mostrar paciencia y disciplina vuelve a colación. Si puedes mostrar una gran disciplina y esperar una oportunidad, te verás recompensado.

Algunas personas se quejan de la volatilidad del mercado. Buffett no: él cree que la volatilidad —los dramáticos cambios de humor del señor Mercado— es lo que ofrece buenas oportunidades a los inversores astutos. Espera a que los demás empiecen a actuar sin pensar y entonces actúa con inteligencia.

20

Sé temeroso cuando los demás sean codiciosos y codicioso cuando los demás se muestren temerosos

Se puede predecir con seguridad que la gente será codiciosa, temerosa o insensata, dice Buffett. Lo que no se puede predecir es cuándo ni en qué orden.

El mercado bursátil siempre se verá influido por poderosas oleadas periódicas de codicia y miedo. «Puedo calcular los movimientos de los cuerpos celestes, pero no la locura de las personas», dijo una vez Isaac Newton. Warren Buffett suele aprovechar los brotes de estas emociones altamente contagiosas comportándose de forma opuesta al sentimiento predominante.

Si la mayoría de los inversores son codiciosos, Buffett se vuelve temeroso (o al menos extremadamente prudente). Si la mayoría de los inversores se muestran temerosos, Buffett se comporta con codicia (esto es, adquiere de manera inusual). Siguiendo esta estrategia, Buffett ha ganado mucho dinero mientras otros no han tenido tanto éxito.

En la década de 1960, el mercado de valores se vio envuelto en una vorágine en la que tanto los precios como el volumen se dispararon. Mucha gente se entusiasmó con el mercado de valores, lo que contribuyó en gran medida a hacer subir los precios de las acciones. En otras palabras, a medida que el globo empezaba a llenarse, la gente le insuflaba cada vez más aire caliente. Es en esta fase del proceso —la fase de la codicia retroalimentada— cuando Buffett casi siempre opta por mantenerse al margen.

No invierte cuando los precios de las acciones suben de forma irracional y están desvinculados del valor real de la empresa, es decir, en situaciones en las que los precios han escapado a la fuerza gravitatoria de los resultados reales de la empresa.

Como era de esperar, esta tendencia bursátil alcista de los años sesenta llegó a su fin. Y, cuando el mercado de valores se desplomó, el gran rebaño de inversores se volvió muy temeroso, como casi siempre ocurre después de un periodo de euforia irracional. En lugar de comprar acciones, los inversores se deshicieron de ellas, lo que hizo bajar los precios. Simplemente dejaron de invertir.

Los primeros años de la década de 1970 fueron de notoria tendencia bajista. La gente vendía sus acciones por miedo. En 1973-1974, la economía estaba en recesión, la situación era sombría y el Dow Jones había caído por debajo de setecientos puntos. Habiendo llegado hasta aquí en este libro, probablemente puedas predecir qué ocurrió a continuación.

Eso es, que Buffett comenzó a comprar. De hecho, lo hizo en grandes cantidades. Fue en ese momento, por ejemplo, cuando llevó a cabo su ahora legendaria inversión en el *Washington Post*.

Por desgracia, como ha observado Buffett, los cambios de humor irracionales —de la euforia a la depresión y viceversa— no se limitan a afectar a los inversores ingenuos. Los profesionales, incluidos los gestores de fondos de pensiones, son igual de susceptibles. Buffett señala que, en el punto álgido del mercado en 1971, los fondos de pensiones estaban invirtiendo toda su liquidez disponible en los mercados de renta variable. Apenas tres años después, cuando ya se había tocado fondo, solo invertían un dólar de cada cinco en renta variable. Lo hicieron estrepitosamente mal, concluye Buffett: se intoxicaron cuando ya otros habían enfermado y se asustaron cuando otros ya lo habían hecho. No aprovecharon los precios atractivos, sino que compraron acciones caras y luego, cuando bajaron de precio, las vendieron.

Buffett, por supuesto, actuó de forma muy diferente. Hizo un gran número de inversiones cuando el mercado de valores ofrecía acciones de grandes empresas a un muy buen precio. Aprovechó los *descuentos* en las buenas empresas.

También sabemos que Buffett se mostró muy temeroso durante el periodo alcista de las acciones de internet, cuando todos los demás las compraban con avidez. Por tanto, él no se vio afectado por la situación, mientras que millones de estadounidenses acabaron perdiendo mucho dinero con estos valores. Los periodos de miedo y codicia irrumpirán de forma intermitente y se apoderarán de la comunidad inversora. Así que debes comportarte exactamente igual que Buffett en estas situaciones y utilizar estas emociones en tu beneficio.

Estas son las reglas que debes seguir a la hora de concebir tu estrategia de inversión:

Compra cuando la gente venda y vende cuando la gente compre. Hazte a la idea de que lo ideal es mostrarse con recelo cuando la mayoría de los inversores sean codiciosos. Las acciones son más interesantes, dice Buffett, cuando casi nadie se interesa por ellas. Esto es válido en el caso de muchos mercados —el inmobiliario es otro buen ejemplo—, pero es especialmente llamativo en los mercados bursátiles, donde las estampidas son tan fáciles de detectar. (De hecho, dada la omnipresencia de la cobertura de noticias financieras en la actualidad, es imposible pasarlo por alto). Cuando la gente tiene miedo, no está interesada en comprar acciones, pero es precisamente cuando debería mostrar interés. Por supuesto, sigue el consejo de Buffett acerca de no invertir a ciegas o sin pensar. Solo cuando la inversión en cuestión se ajuste a tus criterios, debes dar el paso.

Prepárate para actuar con rapidez cuando surja una oportunidad. Cuando el Dow Jones tocó fondo en 1974, con 580 puntos, Buffett se comparó a sí mismo con «un tío muy salido en un prostíbulo». Debes actuar con rapidez y valentía cuando el miedo domine en el ambiente y los precios del mercado caigan en picado.

¿Qué ocurrirá mañana? ¿Subirá, bajará el mercado? Para Warren Buffett, estas son preguntas sin interés, salvo en lo que respecta al efecto contagio del miedo y la codicia, que puede afectar a tus propias perspectivas de inversión, ya sea por una bajada de los precios y mejores oportunidades de compra (por miedo) o por una subida de los precios y menos oportunidades (por codicia). Cuando surge la ocasión ideal, Buffett está preparado para actuar. En cambio, cuando prevalece la codicia, prefiere quedarse al margen.

21

Lee, lee un poco más y luego piensa

¿Cómo pasa el tiempo Warren Buffett, el mejor inversor del mundo? Según ha reconocido, dedica unas seis horas al día a leer y una o dos horas a hablar por teléfono. El resto del tiempo lo dedica a pensar.

Warren Buffett, como la mayoría de los grandes pensadores, es un lector voraz. Lee el *Financial Times*, el *Wall Street Journal*, el *New York Times* y revistas financieras como *Fortune*. Algunas de estas lecturas son de carácter general, pero muchas responden a un interés concreto. Cuando una empresa entra en el punto de mira de Buffett, empieza a leer todo lo que puede sobre esa empresa y su sector.

En particular, lee los informes anuales. Cuando se interesa por una empresa, compra algunas acciones de la misma solo para hacerse con sus informes anuales. De nuevo, parece una lectura hasta cierto punto general, pero también esconde un propósito. Una lectura exhaustiva de este material le proporciona lo que necesita acerca de los hechos y las ideas que alimentan su pensamiento y razonamiento independientes. No es exagerado decir que las lecturas de Buffett —combinadas con su forma de pensar, por supuesto— han sido la base de sus logros.

Buffett recomienda a todo el mundo que lea su libro favorito sobre inversión, *El inversor inteligente,* de Ben Graham, por el marco intelectual que proporciona. Recomienda prestar especial atención al capítulo 8 («El inversor y las fluctuaciones del mercado») y al capítulo 20 («El "margen de seguridad" como concepto central de la inversión»). Es asimismo de lectura más que recomendada el libro de Phil Fisher *Acciones ordinarias y beneficios extraordinarios*. Y ninguna biblioteca estaría completa sin *Security Analysis*, de Graham y Dodd, publicado por primera vez en 1934.

Un inversor en valor debería leer todo lo que pueda sobre Warren Buffett y Charlie Munger. En el sitio web berkshirehathaway.com, a disposición de todo el mundo (en inglés), están todas las cartas de Buffett a los accionistas y los informes anuales desde 1977. Son una mina de oro de información y sabiduría para cualquier inversor potencial, además de lectura obligada.

Así que la primera regla es leer, leer y leer aún *más*. Ahora bien, la segunda regla es leer de forma selectiva. A estas alturas, deberías tener una idea de los materiales de lectura que son útiles para un inversor y, por tanto, los que son completamente inútiles. Hay un número limitado de horas al día y un número máximo de horas de lectura antes de que se te cansen los ojos. No malgastes esas valiosas horas en previsiones de mercado, pronósticos y teorías llenas de fórmulas.

Un material que Buffett desprecia especialmente es todo lo relacionado con la «teoría del mercado eficiente» (TME). Propugnada a menudo por profesores de las principales escuelas de negocios, la TME afirma que los mercados son completamente eficientes. En otras palabras, cada acción tiene el precio que le corresponde —el que refleja fielmente la situación del mercado— porque todas las fluctuaciones de este último lo han modelado. Si esto es cierto, analizar las empresas es una pérdida de tiempo porque, o bien se llega a la valoración supuestamente correcta —esto es, a la valoración del mercado—, o bien se llega a otra valoración que, por tanto, sería errónea.

Buffett vio con asombro cómo esta teoría salía gradualmente del mundo académico y llegaba a quienes operaban en el mercado. La TME, que antes solo era el caballo de batalla de unos pocos profesores de finanzas de alto nivel, pronto se convirtió en el mantra de los profesionales de la inversión y los ejecutivos de empresas por igual. «Los precios de las acciones reflejan toda la información pública sobre un valor —proclamaban, más o menos al unísono—, por lo que no hay necesidad de indagar más».

Sin embargo, por muy insultante que resultara la TME para alguien como Buffett, también era una fuente de enorme ventaja competitiva. La selección de valores es una tarea intelectual, dice Buffett, como el ajedrez o el bridge. Es un gran lujo, señala Buffett, sentarse frente a un tablero de ajedrez con alguien que no cree en la necesidad de pensar para jugar bien.

Esto puede parecer un tanto exagerado, pero en realidad no lo es. En 1973, muchos inversores institucionales eran firmes partidarios de la TME. En consecuencia, pocos estaban interesados en comprar acciones de la Washington Post Company, que entonces se podían conseguir a un precio bajísimo. Las acciones de la empresa, decían los devotos de la TME, estaban exactamente donde merecían estar, por lo que no tenía sentido adquirirlas. Buffett —siempre consciente de su formación bajo la estela de Ben Graham— las compró y pronto demostró que los devotos de la TME estaban equivocados.

En retrospectiva, el abismo entre la valoración de mercado y el valor intrínseco es fácil de ver. En aquel momento, el mercado valoraba la Washington Post Company en unos cien millones de dólares. Buffett vio un valor intrínseco de entre cuatrocientos y quinientos millones de dólares, por lo que se lanzó a comprar.

¿Cuál es la lección de todo esto? Pues que, mientras otros pensadores leían sobre la TME, Buffett lo hacía sobre Graham y, por supuesto, sobre todo lo que caía en sus manos acerca de la Washington Post Company y su sector. Los resultados hablan por sí solos. Lee constantemente, pero material que enriquezca —y no distorsione— tu visión del mundo de la inversión. No te preocupes por la última moda que sale de las escuelas de negocios y se dirige hacia el crédulo mercado. (¡Recuerda el rebaño!). Preocúpate por encontrar valor, lo que en muchos casos comienza con unos buenos hábitos de lectura.

Acostúmbrate a leer. Buffett y Munger son ávidos lectores y aprenden sobre todo de libros, revistas, informes anuales, información corporativa y otras publicaciones especializadas. Aumenta tus lecturas para ampliar tu pensamiento.

Lee los informes anuales y las cartas de Buffett. Este consejo es esencial. El gran maestro del mundo de la inversión ha publicado su pensamiento en la web para que todos lo puedan ver. Tu objetivo es emular su éxito, así que ¿no deberías empezar por aquí? Los detalles son valiosos, por supuesto. Pero aún más valiosa es la oportunidad de apreciar cómo funciona su mente de una forma relativamente sencilla. Acude a los informes anuales y las cartas de Buffett para adquirir buenos hábitos de pensamiento.

Céntrate solo en lo que merezca la pena leer. Lee a Buffett y Graham, y procura evitar leer aquello que no te lleve a ninguna parte. Evita todo lo que tenga que ver con la EMT o contenidos similares. Solo te distraerá de la verdadera tarea que tienes entre manos.

Buffett cree que, a diferencia de otros sectores, el de la inversión es uno en el que el conocimiento se acumula y está disponible para quienes estén dispuestos a indagar un poco. Su consejo es que seas un buscador, lo que en la mayoría de los casos se traduce directamente en ser un lector.

22

Aprovecha todo tu potencial

¿Cómo es tu motor y con qué eficiencia funciona? Warren Buffett sugiere que mucha gente tiene «motores de cuatrocientos caballos», pero solo de cien de potencia de salida. En otras palabras, las personas inteligentes a menudo se dejan distraer de la tarea que tienen entre manos y actúan de forma irracional. En ese caso, mucho mejor obtener el máximo rendimiento de un motor de doscientos caballos, reconoce Buffett.

Warren Buffett cree firmemente en la importancia de los buenos hábitos. Los hábitos en general determinan el comportamiento, por lo que los buenos hábitos conducen a buenos comportamientos.

Buffett le sugiere a la gente un ejercicio para comprobar la eficacia —el resultado— de sus propios hábitos y comportamientos. Aconseja escribir las cualidades de una persona a la que admires mucho y luego hacer una lista de las cualidades de una persona a la que no admires en absoluto. (No te pongas a ti mismo en ninguno de los dos casos). Estudia las dos listas. ¿En qué se diferencian? ¿Son diferentes solo en lo específico o puedes ver algún patrón?

A continuación, sigue diciendo Buffett, intenta adoptar las cualidades de la persona que más admiras. ¿Por qué? Porque, si se practican con regularidad, esas cualidades pueden acabar convirtiéndose en tus hábitos. Al mismo tiempo, deja de poner en práctica todas las cualidades negativas de la persona que no admiras. Si perseveras en ello, tu comportamiento cambiará. Si echas la vista atrás dentro de veinte años, reconoce Buffett, habrás puesto en práctica todos esos buenos hábitos y su comportamiento asociado, y habrás evitado todos los malos.

Adquiere hábitos positivos. Evita y elimina los negativos. ¿Cuál es, según Buffett, el resultado de este ejercicio? Una correlación más directa entre la potencia y el rendimiento. Para seguir un modelo positivo, lo mejor es emular al propio Buffett. Su padre le inculcó los más altos niveles de integridad y ética. Con Buffett, Berkshire Hathaway paga anualmente miles de millones de dólares en impuestos al Gobierno estadounidense y no tiene dinero en ni un solo paraíso fiscal. En cambio, Enron creó 881 filiales en el extranjero, 692 de ellas en las Islas Caimán, para evitar pagar impuestos. Buffett ha demostrado que un comportamiento ejemplar puede ser coherente con obtener grandes beneficios. Los célebres casos de empresas como Enron, Adelphia o Tyco nos recuerdan lo rápido que la conducta deshonesta y poco ética puede conducir a una catástrofe financiera.

Se ha escrito mucho sobre Buffett, así que no sería difícil elaborar una enorme lista de hábitos y comportamientos que querrías emular. (Sin olvidar esbozar las características de esa persona a la que nunca querrías parecerte). Pero no importa a quién decidas tomar como modelo. Lo importante es que elabores una lista lo más nutrida posible con las características que quieras hacer tuyas.

He aquí algunas preguntas que quizá quieras hacerte para asegurarte de que no estás saboteando tu propia estrategia de inversión:

1. ¿Haces los deberes correctos sobre las empresas antes de comprar sus acciones?

2. ¿Compruebas el valor de las acciones solo de vez en cuando y evitas el ruido diario y a los supuestos expertos?

3. ¿Ignoras los consejos sobre bolsa, independientemente de la fuente de la que procedan?

4. ¿Evitas seguir el rebaño y tomas tus propias decisiones de inversión (con un patrón de pensamiento independiente)?

5. ¿Muestras la paciencia necesaria al esperar a que las empresas aumenten su valor intrínseco?

6. ¿Evitas invertir en empresas, negocios o sectores que no alcanzas a comprender?

7. ¿Compras cuando la gente está asustada y vendes cuando la gente se muestra codiciosa?

8. ¿Limitas tus inversiones a un pequeño número de participaciones para no diluir tus ganancias potenciales?

9. ¿Vives según las reglas del señor Mercado y tienes presente el margen de seguridad?

10. ¿Lees con regularidad los principales periódicos y revistas financieros?

Si has respondido afirmativamente a ocho o más de estas preguntas, puedes considerarte un verdadero creyente y seguidor de Buffett. Y, lo que es más importante, estás en el buen camino para alcanzar el éxito como inversor.

Si has respondido afirmativamente a entre cinco y siete preguntas, no está mal. Esto significa que practicas buena parte de la doctrina Buffett, pero que tienes un margen de mejora.

En cambio, si has respondido afirmativamente a cuatro o menos, te queda trabajo por hacer. Pero no te desanimes. Como dice Buffett, ahora puedes poner en práctica los hábitos que tendrás dentro de veinte años.

Asegúrate de seguir los modelos adecuados. «Muéstrame los héroes de alguien y te diré qué tipo de persona es y hacia dónde se dirige», afirma Buffet. ¿Quiénes son tus héroes? ¿Has convertido sus cualidades en tus hábitos?

Esfuérzate por mantener un comportamiento racional, buenos hábitos y una actitud adecuada. Algunos expertos sostienen que, tras solo veintiún días, una práctica repetida se convierte en hábito. ¿Por qué no lo intentas y averiguas por ti mismo si llevan razón? No tienes nada que perder —excepto los malos hábitos, claro— y todo por ganar.

Toma nota de los hábitos, prácticas y formas de pensar que quieras hacer tuyos. Después, asegúrate de seguirlos y, con el tiempo, de asumirlos plenamente.

El éxito financiero es «cuestión de adoptar los hábitos adecuados».

23

Evita cometer los errores de los demás

Charlie Munger, amigo y socio de Buffett, siempre hace hincapié en conocer los errores de la gente para no cometerlos.

Es muy importante estudiar los errores de otros inversores para no caer en ellos uno mismo. Por desgracia, no hay mayor fuente de errores que lo que los jubilados recientes han hecho con su cartera bursátil.

A finales de la década de 1990, un futuro jubilado con 385.000 dólares en su fondo de pensiones asistió a un seminario sobre jubilación. Allí escuchó la presentación de un asesor financiero que instaba a los asistentes a aceptar la jubilación anticipada y entregarle sus ahorros para que los invirtiera en una cartera diseñada por él.

A los asistentes se les dijo que vivirían cómodamente con las ganancias y que incluso se llegarían a hacer millonarios en pocos años. El agente invirtió el dinero de este jubilado en acciones de tecnología, sanidad, servicios financieros y fondos de inversión de alta rentabilidad. Cuando el valor de su cartera cayó a cerca de cien mil dólares, esta persona no tuvo más remedio que volver al trabajo. Todas sus esperanzas y sueños de disfrutar de una jubilación segura se esfumaron.

O pensemos en la desafortunada jubilada que invirtió los ahorros de toda su vida, 410.000 dólares, con un asesor financiero que le dijo que ganaría suficiente dinero para retirar tres mil dólares al mes durante su jubilación. Este corredor invirtió la mayor parte del dinero en acciones de internet, tecnología y fondos de inversión. Al tiempo, el valor de la cartera de la mujer se había desplomado hasta unos míseros 38.000 dólares.

Lamentablemente, hay muchas personas que se encuentran en esta situación. Hay miles de historias terribles de gente trabajadora que ha pasado veinticinco años de su vida ahorrando para su jubilación solo para ver cómo su dinero desaparecía por culpa de malas decisiones de inversión.

Muchos de estos jubilados pensaban que, al no saber nada de bolsa, eran incapaces de gestionar su propio dinero y hacer inversiones. «Mejor dejárselo a un profesional», pensaban.

Atraídos por argumentos de ganancias y vacías promesas de supuesta riqueza por parte de los corredores, acabaron siendo víctimas de una inversión poco acertada, basada en la hiperactividad, en inversiones de alto coste y elevadas comisiones, en acciones en empresas de mala calidad y en creer en la sincronización del mercado.

Todo esto ocurría bajo los auspicios de una pretendida «gestión profesional del dinero».

La lección más importante que se puede extraer de estas historias es la importancia de una inversión sólida. Comprender los fundamentos básicos de la inversión —muchos

de los cuales se han presentado a lo largo de este libro—
ofrece la mejor protección contra los planes y tentaciones
financieros poco sólidos.

La mayoría de nosotros, en un momento u otro, nos
veremos tentados por argumentos de venta que prometen
cantidades incalculables de riqueza, fórmulas para desve-
lar los misterios del mercado bursátil e invitaciones a invertir en empresas no probadas. Piensa en el siguiente
señuelo: «Invertir ahora en este valor podría reportarle beneficios inesperados. Imagínese invertir en ExxonMobil
o en una de las principales empresas energéticas en sus co-
mienzos».

¿Ves las palabras *podría* e *imagínese*? A estas alturas
habrás aprendido lo suficiente —y serás lo bastante disciplinado— para ignorar este tipo de atractivos argumentos
de venta que juegan con las emociones (y evitan cuidado-
samente hacer promesas reales). Debes seguir los fundamentos de la inversión en valor que defiende y practica
Warren Buffett. Si lo haces, tendrás muchas más posibilidades de que tus inversiones crezcan y prosperen, en lugar de marchitarse.

Charlie Munger afirma: «Tiene enormes ventajas invertir unas pocas veces, pero muy bien, y parar: pagas
menos a los *brokers* y escuchas menos sandeces». No olvides que siempre se dirán muchas tonterías en Wall
Street, así que presta atención a lo que tiene sentido. Presta asimismo mucha atención a los costes asociados a las
inversiones. Hoy en día, existen literalmente cientos de
fondos sin carga o sin comisiones y el comercio de acciones se ha convertido casi en un servicio básico. Así que no
hay ninguna razón para pagar importantes comisiones por
un fondo o por las acciones.

> Las comisiones ocultas asociadas a muchos tipos de inversión acabarán con tu rentabilidad. Conviértete en un inversor inteligente haciendo preguntas y vigilando los costes.

Los gastos y comisiones ocultos asociados a muchos tipos de participaciones merman la capacidad de los inversores de ganar dinero a largo plazo. Algunos fondos, por ejemplo, cobran comisiones iniciales de más del 6 %. Esto significa que, si te haces cliente del fondo, el valor de lo invertido debe aumentar un 6 % antes de que se alcance el punto de equilibrio, por no hablar de empezar a ganar dinero. Evita este tipo de inversiones optando por aquellos fondos sin comisión inicial.

Asegúrate también de no dar con el tipo equivocado de asesor. Y ten en cuenta los siguientes consejos para asegurarte de no caer presa de alguna de las situaciones que llevan a tantos inversores a acabar perdiendo dinero:

Si suena demasiado bueno para ser verdad, probablemente no lo sea. Desconfía de las promesas de riqueza instantánea y grandes beneficios. Casi siempre conllevan grandes riesgos. Y, lo que es igual de malo, casi siempre incluyen comisiones muy caras para la persona que te vende esa «gran oportunidad de inversión».

Participa activamente en tu propia toma de decisiones y no renuncies nunca al control de tu cartera. En lugar de escuchar a falsos profetas, toma tus propias decisiones basándote en tu nivel de tolerancia al riesgo. Al hacerlo, respeta las reglas y principios destacados a lo largo de este libro.

Vigila siempre los costes. Recuerda que las personas que intentan venderte algo lo hacen por las sustanciosas comisiones que reciben, que provienen, por cierto, del dinero que tanto te ha costado ganar. Pregunta siempre, lee los folletos informativos y averigua todo lo que puedas sobre los costes asociados a cualquier inversión. Si sigues pagando más de cien dólares por transacción bursátil, considera la posibilidad de abrir una cuenta en línea con un corredor que cobre menos (como TD Waterhouse o E*TRADE). Dado que tomarás tus propias decisiones de inversión, no hay necesidad de pagar altas comisiones a un corredor de bolsa.

Aprende de los errores de los demás, dice Buffett. No hay razón para revivir un drama por el que otro ya ha pasado.

24

Conviértete en un buen inversor

Buffett dice que Ben Graham apostaba por la «inversión sólida». No se dedicaba a un tipo de inversión artificiosa ni se dejaba llevar por las modas. Lo bueno de esta forma de invertir es que puede hacerte rico si no tienes demasiada prisa, y nunca te hace pobre, lo que es aún mejor.

Warren Buffett —a través de sus palabras y acciones— ha trazado un camino de probada eficacia para los inversores. Siguiendo sus consejos, el inversor medio puede practicar una inversión en valor y obtener buenos resultados sin los servicios de un profesional.

Repasemos los fundamentos de Buffett. Le gusta hacer las cosas de manera sencilla y fácil. Evita la complejidad. Su regla de oro es que solo invierte en lo que entiende y evita todo lo demás; solo actúa dentro de su círculo de competencia.

Es muy disciplinado a la hora de mantenerse de pie, bate en mano, y solo golpea cuando la bola le viene en su «punto óptimo». Buffett huye de la hiperactividad y recomienda largos periodos de inactividad. Se siente bastante cómodo con la veintena de grandes decisiones de inversión que ha tomado en toda su vida. A menudo hay que cruzarse de brazos: es parte del juego.

El estilo de inversión de Buffett no es un plan para hacerse rico rápidamente. Más bien al contrario, se trata de un plan para enriquecerse lentamente. La bellota tarda tiempo en convertirse en roble.

Una actitud adecuada es esencial. En concreto, un inversor debe mantener la cabeza fría en los buenos y en los malos momentos. Debe mostrarse firme a la hora de hacerse con acciones de una gran empresa y una gran gestión. Un inversor siempre debe estar atento a la empresa, su rendimiento, su gestión y su valor intrínseco.

Una acción forma parte de una empresa y los resultados determinan en última instancia la evolución del precio de la acción. Así que debes comprar acciones de compañías dirigidas por gestores competentes y éticos que den prioridad a los intereses de los accionistas.

No conviene diversificar en exceso las participaciones. Más bien debes concentrarlas en empresas de alta calidad.

Los inversores siempre se enfrentarán a grandes distracciones: los inacabables acontecimientos macroeconómicos relacionados con la geopolítica, cambios en la economía y un sinfín de previsiones bursátiles. Para convertirte en un buen inversor, debes ignorar estas distracciones y centrarte en los negocios que hay detrás. No hagas caso de los gráficos. Tu preocupación debe ser el valor, no el precio, a menos, por supuesto, que una caída en el precio ofrezca una nueva oportunidad de invertir (y siempre que haya un margen de seguridad).

El señor Mercado te ayudará a entender el mercado de valores y deberás utilizar la codicia y el miedo que muestre la gente en tu beneficio: serás temeroso cuando los demás sean codiciosos y codicioso cuando los demás se muestren temerosos.

Ten en cuenta que en Wall Street hay mucho postureo. Por ejemplo, algunos inversores se mueven por las corrientes de gráficos de acciones y otras supuestas herramientas de pronóstico a corto plazo. La clave está en no preocuparse por los gráficos y todo aquello que no tiene que ver con el valor real de una empresa. Deberás resistir a estas tentaciones porque serás tú quien proclame (o al menos se dé cuenta) de que el rey de Wall Street no lleva ropa. Esto te hará evitar las empresas de alta tecnología con un futuro incierto y buscarás aquellas poco o nada relacionadas con la tecnología, como las franquicias —recuerda, las compañías que cuentan con grandes fosos a su alrededor— que generen constantemente importantes beneficios y flujos de caja sin grandes inversiones de capital. Estas son las empresas que seguirán existiendo dentro de una década.

Tendrás que adquirir el hábito de leer mucho y bien, como el *Wall Street Journal*, y de mantenerte al día de los acontecimientos empresariales. Acabarás acumulando datos que constituirán la base de tu propia y única estrategia con la seguridad de que los hechos y el razonamiento —y no las opiniones de los demás— determinarán si tienes razón o no.

No imites a los demás sin pensar. Desarrolla buenos hábitos que te ayuden a sacar provecho de toda tu potencia. Son estos sólidos principios los que explican el éxito de Warren Buffett, y esperamos también que expliquen el tuyo.

Para convertirte en un buen inversor, adquiere hábitos de inversión sólidos. Los hábitos de inversión de Warren Buffett proporcionan una hoja de ruta detallada que otros inversores pueden seguir para aumentar sus posibilidades de éxito. Presta atención a sus principios y hábitos y harás de ti un mejor inversor.

Siempre hay que combatir el ruido para conocer la verdadera historia. La «verdadera historia» de las acciones está en sus fundamentos. No está en los gráficos, ni en las previsiones, ni en lo que dicen los supuestos expertos, sino en los beneficios, la ventaja competitiva, las marcas duraderas, etc.

Trata siempre de mejorar. La clave para invertir es mejorar con el tiempo. Aprende de los errores de los demás y de los tuyos propios. Anota lo que haces bien y lo que haces mal. Trabaja para centrarte en lo primero y evitar lo segundo.

Según Warren Buffett, no se trata tanto de resolver problemas empresariales difíciles como de evitarlos. Hay que encontrar y superar los pequeños obstáculos en lugar de desarrollar extraordinarias habilidades para tratar de sortear enormes obstáculos.